賢い企業は拡大主義より永続主義

マーケティング論と会計学が同じ結論に達した

碓氷悟史　Usui Satoshi
大友　純　Otomo Jun
著

同文舘出版

序　文
―本書の目的とねらい―

> 「派手に光るものは, ひと時かぎりのもので,
> 本ものは, 後世までも滅びることがないのです」
> ゲーテ『ファウスト』より

　本書の執筆目的は, ビジネスパーソンの方々に「"会社"というものは拡大・成長を目指さなくても, 日々のビジネス活動において真摯に誠実にお客様のことだけを考え, お客様の日々の生活における価値創造に繋がるような"仕事"さえしていれば, 100年でも200年でも企業組織としてお客様が生きながらえさせてくれるのだ」ということを理解していただくところにあります。そのためには, この理屈の妥当性が論証されなければなりません。それをこの本ではマーケティングの視点と会計学の視点という2つの側面から検討していきます。そこから企業長寿のための具体的な方策を探り出していきたいと思います。

　その1つは, 市場における価値, すなわちお客様にとっての価値を創り上げるための仕事である"マーケティング"を具体的にどのように行えばよいのかということ, もう1つは, 長生きできる企業とできない企業の財務諸表上に表れる特徴を明らかにし, そこから企業が永くこの世に存在するために必要不可欠な財務会計上の戦略をどのように具体化していけばよいのか, ということです。特にこの2つ目の視点は　企業というものは拡大成長とは関係なく, お客様への"まっとうな仕事"さえしていれば, 十分に財務会計的にも成り立ち続けることができるのだ, という考え方に確信的な理屈を提供することになるのではないかと考えています。

　昨今のビジネス社会で顕著にみられる傾向は, とにもかくにも企業規模の拡大を図ることによって, 売上高や販売数量, 利益額をどれだけ増大せ

(2)　　序　　文

　しめるかということにのみ，その事業活動の目的を据えている会社が多すぎるということです。しかも，方法は問わない。結果がそうであればよい。こうした"金の亡者"的企業の存在を否定するのであれば，毎日のように業界を問わず報道されているような種々の企業における品質表示の不正や製造・消費期日の改ざん，人件費や教育費の削減結果によるいい加減な従業員の不始末事故，誇大広告，粉飾決算，所得隠し，不正な企業間取引行為などが次々と発覚したり，あるいは"ブラック企業"と揶揄されるような企業が跳梁跋扈したりといった現実をいかに説明すればよいのでしょうか。顧客や従業員のことよりもまずは売上と利益の増大が第1，そして経営者の成果重視，株主への配当重視。そのための手段としての企業の経営戦略やマーケティング戦略の手練手管をどうするかに日々頭を悩ませ，いかに競争相手を蹴落としていくかに神経をすり減らすことに明け暮れる毎日。有り得ようのない永遠の拡大・成長を目指す毎日。これを"まっとうな仕事"と言えるのでしょうか。

　このことは競争相手と認識している同業者においても同様であるとするならば，しかも自らのよって立つ市場規模が無限でないとするならば，その蹴落とされるのは自身の会社かもしれません。そうなれば自らが職を失うことになります。その恐怖からか，だからこそ相手を蹴落とす必要がある。競争相手の不幸の上にのみ自らの存在が保証される。しかし，これではまさにビジネス社会は弱肉強食の"野獣の世界"と化してしまいます。いやそれにもまして，わたしたちの働く精神そのものが疲弊し，人格すら卑しくなってしまうかもしれません。こうした日常の世界において，人生の3分の1以上の時間を"仕事"として費やすのであれば，たとえ生活維持に必要な給料のためとはいえ，人間としての労働の価値の貧しさはいかに捉えればよいのでしょうか。

　このような現代企業の多くに見られるそうした会社にかかわる人々の"不幸"な事実の一方で，100年どころではない，何百年にもわたって顧客に支持され，評価され，感謝され続ける企業の存在が多数あることも事

実です。しかもこうした企業の多くは決してその規模からして"大企業"と呼ばれるものではありません。そしてそれらは一様に，企業規模の拡大・成長のためだけの儲け第一主義を嫌い，買い手にとって価値のあるような提供財を生産したり，流通したり，販売したりといったそれぞれの事業活動を通じて，あるいは様々なサービス事業活動を通じて，何よりも顧客の消費価値を日々いかに創造し，貢献していくかということをその目的の第1に掲げているのです。そしてこのような会社同士が互いに敬意をはらいながら取引を行っているのです。また同業他社に対しても，脅威を与えるような振る舞いを慎み，真摯な姿勢を貫き通しているが故に，同業者からも敬意が払われるような"仕事振り"なのです。だからこそ，歴史的環境がいかに変化しようとも，百年以上にわたる社会的存在が"老舗企業"という名で許されてきたのでありましょう。

　ある意味，ここには社会的組織としての企業の理想の姿があるのかもしれません。売り手が自らの労働の成果として創り出した何らかの**使用価値**のあるもの，すなわち一般的に製品もしくは商品と呼ばれる形のある「有形財」やサービス業者の提供するような行為価値としての「無形財」を市場で取引に懸ける。そうして市場に提供された財の経済的社会的価値の存在を認めて取引に応じてくれた買い手が，実際にその財を使用してみた際の**消費価値**の高さを評価してくれ，感謝の言葉を笑顔で返してくれる。この瞬間において，売り手の労働の成果としての**社会的価値**の存在がその財に確認される。このような価値的労働の対価として，会社から支払われた給料で家族を十分に養うことができ，日々楽しい家庭生活が営まれる。そしてこの会社の経営者も従業員も，そのすべてがこうした"働きがい"を実感する。まさに，人間が携わる社会的経済的参加形態の1つである「企業組織」というもののこの世における存立価値が，ここにこそあるのではないでしょうか。そしてこれこそが企業の**成長した真の姿**であり，あるいは社会に対してその**責任と義務**というものを十分に理解しているところの**大人の企業**なのだと呼べるのかもしれません。

いったい誰のために，何のために働くのか。もちろん自身のためであり，家族のため以外の何ものでもないでしょう。しかしそれは顧客の笑顔の連続の上にしか成立しないことも確かです。なぜなら，顧客の顔から笑顔を消すような仕事をした途端，もう二度とその顧客は戻ってこないからです。そうしたことが積み重なり徐々に顧客がいなくなってしまえば，ビジネスは続けられないのです。また"自分のために働く"とは言っても，その成果はお金で自分の欲望を叶えるだけのことにすぎないかもしれません。それよりも，自身の仕事に関係するすべての人々，すなわち多くの顧客はもちろんのこと，取引先の人々や自社内の人々の笑顔，そして愛する家族の笑顔を得てこそ，自らの生きているこの社会での存在価値を実感できるのではないでしょうか。そうであれば，わたしたちは自分のために生れて来たのではなく，「他者の笑顔を創るためにこの世に生れて来たのだ！」と言っても過言ではないかもしれません。わたしたち一人ひとりがこうした"理想企業"とも言えるような労働環境の中で，会社という組織を通じて少しでも社会的に価値ある仕事ができるようになりたいものです。

　本書では，このような"会社づくり"のためにはいかなる市場の捉え方や組織運営の考え方，そして財務管理の手法が必要不可欠となるのかについて分かりやすく述べていきたいと思います。まずは第１部として，日々の生活を営むわたしたちと企業との関係について述べながら，そこにおける"マーケティングの本質とは何か"について明らかにしていきます。また企業が事業規模や売上高の拡大成長を望み，それに向かって邁進するということが，なぜ不適切な考え方であるのかについて，経済学的な見方も取り入れながら，その理由を徹底的に明らかにしていきます。そして企業が市場や社会そのものから長く支持され続けるためには，いかなるマーケティングの考え方が必要となり，それに基づく具体的な活動をどのように行えばよいのかについて，わが国を代表する老舗企業を例に挙げながら説明していきたいと思います。

なにしろマーケティング担当者の仕事とは，顧客が笑顔になれるような物やサービスとはどのようなもので，それをいかなる価格で提供し，その魅力をどのような方法で知らせればよいのか，そのためには他のどのような企業と取引関係を結ぶ必要があり，そして顧客の購買後の満足状況をどのように探ればよいのか，といったことについて具体的に考え，実行することなのです。ということは，このマーケティング活動の成否が企業の提供財の売れ行きを決定づけることになり，延いては企業自体の存続か消滅かのカギを握ることになると言っても過言ではないのです。とにかく顧客の笑顔を創り出し続ける以外に企業は存続できないのですから。

　次に第2部として，そうした事業展開を支えるための財務・会計戦略上の理想の姿を明らかにしたいと思います。なにしろそれは長寿企業の帳簿の中に間違いなく示されているのですから。ようするに財務や会計の戦略的な理想の姿とは，強くて安全で長生きできる企業を目指すということにほかなりません。それは単なる企業拡大ではなく，成長すなわち**進歩**もしくは**進化**ということです。会計戦略上は，長期的で持続可能な視点に立てば，このことは"財務的な力の貯蔵庫の創造"ということであり，つまりは「利益の蓄積」にほかなりません。

　会計戦略上の理想は，利益の蓄積によって「**無借金経営**」を実現することです。これについては長年の分析から，資産の60％の利益蓄積（**利益剰余金**）があれば，ほとんどの企業で実質的に無借金経営を実現し得ることがわかりました。つまり，経営力が強くて長生きできる会社ということになります。ただし，拡大主義の会社では，絶対にこの理想は実現できません。このことを中心として第2部では企業長寿のための財務・会計戦略の秘訣が明かされます。

　本書を通じて，企業長寿を目指そうとする企業の方々にとって，真に働きがいのある，そして真に社会的存在価値のある企業の実現のための一助となれば幸いです。拡大・成長志向に基づく組織的行為の果てにあるのは，企業であれ国家であれ"**破綻**"でしかないことは，人間の永い歴史的

事実の積み重ねにおいて，その多くが物語るところでもあります。そのことは読者の皆さまも十分にご承知のことではないでしょうか。なお，本書における「企業」と「会社」という用語は，個人が働く場としての**社会的経済的組織体**として同じ意味で用いていきます。

著　者

目　次

序文　本書の目的とねらい ……………………………………………(1)

I 第 部　企業長寿とマーケティング活動の秘訣

第1章　マーケティングとは何か　*3*

§1.　消費するわたしと生産するわたし ……………………………… *3*
§2.　消費価値の購買とその本質としての安心の創造 ……………… *4*
§3.　企業とマーケティング …………………………………………… *6*

第2章　企業のマーケティングの枠組みとその実際　*11*

§1.　マーケティングの定義 …………………………………………… *11*
§2.　市場に向けてのマーケティング ………………………………… *13*
　　1.　効用の消費という考え方　*13*
　　2.　増分効用とプロモーション費用の関係　*15*
　　3.　効用の価値表現としての製品コンセプト　*18*
§3.　従業員に向けてのマーケティングと社員教育　*21*
§4.　主意主義的な経営体制の重要性 ………………………………… *24*

第3章　企業の規模拡大志向とその問題点　*25*

§1.　企業の事業目的に関する2つの価値観 ………………………… *25*

§2. 企業の永続的な売上高拡大の限界性………………………………… 27
　　　1. 国内総需要増大期における市場特質　27
　　　2. 国内総需要停滞期における市場特質　29
　§3. 企業の技術革新と市場再生化…………………………………………… 32
　§4. 市場シェア争奪戦による成長の限界…………………………………… 34
　§5. 拡大成長志向におけるマーケティングの特質………………………… 36
　§6. 個別企業における内部収益の確保とPB開発に関する問題点…… 38
　§7. 吸収合併拡大戦略の問題点と規模の論理の限界性………………… 41

第4章　産出量の拡大と費用の関係に見る拡大主義の限界性　46

　§1. 規模の経済性の基本原理とその問題点……………………………… 46
　§2. 経験曲線効果とコスト・リーダーシップ戦略……………………… 49
　§3. 産出規模の拡大と費用の関係………………………………………… 52
　§4. 限界費用曲線と平均費用曲線………………………………………… 54
　§5. 完全競争と不完全競争………………………………………………… 56

第5章　不拡大永続主義の論理とその方法　59

　§1. 長寿企業の不思議を考える…………………………………………… 60
　§2. 家訓に見る企業組織としての行為規範……………………………… 62
　§3. 顧客側の永続的支持の論理と老舗企業の存立原理………………… 68
　§4. 不拡大永続主義経営におけるマーケティングの本質と
　　　7つの原則……………………………………………………………… 69

第Ⅱ部 老舗・長寿企業の財務・会計戦略

第6章 理想の決算書とは何か　*77*

§1. 財政状態計算書（貸借対照表）の財務・会計戦略上の理想 …… 77
　1. はじめに　*77*
　2. 利益剰余金の決算書への影響　*82*
　3. マイナス利益剰余金の決算書への影響　*82*
　4. 利益剰余金の比率が30％の場合　*83*
　5. なぜ、ある程度の利益の蓄積が必要なのか　*84*
　6. トヨタとGMの決算比較　*85*
　7. アメリカ企業と日本企業の特徴　*86*
　8. 長期蓄積力比率とは　*89*
　9. マイナス長期蓄積力比率とは　*90*

§2. 損益計算書（包括利益計算書）の財務・会計戦略上の理想 …… 92
　1. はじめに　*92*
　2. 営業利益と持続可能利益の理想とは　*94*
　3. 持続可能利益率とは　*95*

§3. キャッシュ・フロー計算書の財務・会計戦略上の理想 ………… 96
　1. 理想のキャッシュ・フロー計算書　*97*
　2. キャッシュ・フローによる持続可能利益率とは　*98*

第7章 拡大主義の会社の決算書　*101*

§1. トヨタに見る拡大主義 …………………………………………… *101*
§2. 任天堂の失敗 ……………………………………………………… *105*
　1. はじめに　*105*

　　　　2. 任天堂の10年間の推移　　*108*
　　　　3. 配当金の真の源泉　　*112*
　§3. さが美に見る拡大主義 …………………………………………… *114*
　§4. ソニーに見る拡大主義 …………………………………………… *117*

第8章　老舗・長寿企業の規模　　*121*

　§1. 老舗・長寿企業は、そのほとんどが中小会社 …………………… *121*
　§2. 実態調査から見た老舗・長寿企業になるための最適規模 ……… *124*

第9章　ケースで見る老舗・長寿企業の財務・会計戦略　　*127*

　§1. 老舗・長寿企業の実例 …………………………………………… *127*
　　　　1. 松井建設　　*127*
　　　　2. 養命酒製造　　*129*
　　　　3. 武田薬品工業　　*131*
　§2. 老舗・長寿企業の可能性を秘めた企業例 ……………………… *133*
　　　　1. ファナック　　*133*
　　　　2. 小野薬品工業　　*135*
　　　　3. 京都きもの友禅　　*137*

第10章　財務・会計戦略とグローバル化の意味　　*140*
　　　　―企業長寿となるために―

　§1. グローバル化の意味 ……………………………………………… *140*
　　　　1. はじめに　　*140*
　　　　2. 日本的経営の正しさとグローバル化（財務・会計的視点から）
　　　　　　142
　§2. ROE（自己資本利益率）の問題点と欠陥 ……………………… *142*
　　　　1. ROEとは　　*142*
　　　　2. 優良企業ほどROEは悪化する　　*145*

3. 正しい効率性の計り方　*147*

　　　4. ROEと自己資本比率の矛盾　*150*

　　　5. ROAとROE　*152*

　　　6. 企業の継続（持続可能）と利益の蓄積　*155*

　§3. 真の配当源泉と真の配当計算のしかた ……………………………… *157*

　　　1. 配当性向による配当金決定の誤り　*157*

　　　2. ROEの欠点と誤り　*158*

　　　3. 真の配当源泉と正しい配当計算　*159*

　§4. IFRS（国際財務報告基準）について ……………………………… *162*

　　　1. 基本的な考え方　*162*

　　　2. 損益計算書の違い　*163*

　　　3. IFRSの貸借対照表区分　*166*

あとがき ……………………………………………………………………… *173*

巻頭名言文出所／引用・参考図書 ………………………………………… *175*

索　　引 ……………………………………………………………………… *177*

第Ⅰ部

企業長寿とマーケティング活動の秘訣

「商利や生産上の利益は，元来が，薬効をもつ毒物のようなものである。息せき切ってそれを追求すれば，毒に冒されて人格がこわれかねない。また使っている人間たちを利益追求のために鞭打つようなことをした場合，当人も使用人も精神まで卑しくなってしまう。」

(司馬遼太郎『菜の花の沖』より)

第1章
マーケティングとは何か

§1. 消費するわたしと生産するわたし

　所有者の存在しない自然から食物を採取するだけで生きているようなロビンソン・クルーソー的人間を今の世の中に探すことは，砂浜に落とした一粒の米を見つけることより難しいかもしれません。普通の社会に生きている人であれば誰でも，他者によって生産された何がしかの物を消費しながら日々の生活をしています。そうした意味で，今日のような経済社会においては，わたしたちは一般に"消費者"と呼ばれるところの人間なのです。もちろん同時に大部分の大人は生産者でもあります。なぜなら，何らかの形ある物づくりやその販売といった有形財に係わる仕事であれ，何らかのサービスを行うといった無形財に係わる仕事であれ，そうした何らかの生産行為に直接的もしくは間接的に携わることによって，すなわち自ら社会的な労働を行い，その対価としての貨幣を得て，自らに必要な物やあるいは子供や年老いた老人といった社会的労働の不可能な家族に必要な物を購買し，消費して生きているからです。

　まさに大人はコインの裏表のように，消費者であると同時に生産者でもあるのです。それは"消費行為"と"生産行為"という何がしかの特定的な意味ある価値を創り出すための本質的な仕組みの相違性を前提にしなが

ら，消費生活を営む「個人」としても，また生産生活を営む「企業人」としても，1人の人間がそれぞれの仕組みの中で生み出す価値の違いの中にこそ，"個人としての利益"と同時に"企業人としての利益"が生み出される，という「相互利益創出」の本源性が存在しているのです。

　このことをもう少し分かりやすく説明してみましょう。わたしたち個人は一生遊んで暮らせるような資産を親から受け継いだり，所有している土地建物などを売り払ったりでもしない限りは，何らかの労働をしなければ暮らしてゆくことができません。そうした恵まれた？環境にない圧倒的多数の人々は，その労働を通じて得た所得を，常に現時点から先の未来に向けて生きて行くのに必要な様々な目的達成のために費やしていかなければならないのです。しかもその所得は一般的には"限りある所得"ですので，「家計」として破産しないように「バランス・シート」を有しながら，できるだけ効率的効果的にどのように消費に費やすべきかを考えているのです。その意味ではわたしたち個人も企業と同じように，未来の消費生活に向けた「**戦略的存在**」なのだと言ってもいいでしょう。

§2.　消費価値の購買とその本質としての安心の創造

　このように，わたしたちの消費行為は常に未来に向けた何らかの目的，すなわち「消費目的」をどのように達成していくかという生活上の「戦略」を持っているのです。それは具体的には自身の未来に向けた夢，希望，期待といった願望をいかに実現して行くということであり，そのために必要な利用手段としての「財（商品やサービス）」を常に探し求めているのです。この「消費目的」に適うと思われる「財」にこそ，わたしたちはその利用価値，すなわち消費価値を認め，対価を払ってでもそれを「手に入れたい！」，「欲しい！」という，いわゆる「消費価値の購買」に向け

た何らかの特定の財に対する具体的な「欲望」を生じさせることになるのです。もちろんここで言う「消費目的」とは，より一般的な言葉である「購買目的」と同じと捉えてかまいません。

　そういえばよく企業のアンケート調査などで「なぜその商品をお買いになったのですか」と訊かれることがありますが，たいていの場合，わたしたち消費者は「値段が安かったから」とか「広告に惹かれて」とか「デザインが気に入ったから」とか応えます。しかしそれは単に購買の"きっかけ"を語っているだけで，たとえば「子供の健康に繋がるかもしれないから」とか「愛する彼の笑顔が見たくて」とか，あるいは「お前，美味しいよ！」という夫の賞賛の言葉を期待して，といったようなその購買行為の背後にある真の購買目的もしくは消費目的を明かしているわけではないことに注意しなければなりません。そうしたアンケートに対して，わたしたちは真の購買目的を話したくない場合も往々にしてあるのです。したがって，単純に調査結果を信じて，さらに価格を安くしたからといってよけいに売れることが意外と少ないという事実は，多くの企業人の方々も経験しているのではないでしょうか。

　このように，わたしたちは常に未来の生活目的達成に向けて必要不可欠となる「財」の探索や吟味，そして評価を行っているのです。この"未来の目的"に寄与する「消費価値」とは，具体的には次の2つに大きく分けて捉えることができるでしょう。1つは，日々の生活をより健康に，快適に，そしてより豊かにして行くために必要な「生活上の価値」であり，もう1つは他者との関係をより良く結ぶために必要な「人間関係上の価値」です。この2つの価値は，さらに言葉を替えれば，日々の生活や人間関係上の現時点以後の将来に向けた様々な「不安」の解消に繋がるような価値のことであると言ってもよいでしょう。そしてこの「不安」の「不」を取り除くための購買活動の先にこそ，未来の「安心」を求めるための「消費価値」が存在しているのです。

　たとえば，お昼にそれほどお腹が空いていなくても，夜の食事までの時

間間隔のことを考えれば，午後の中途半端な時間にお腹が空いて仕事の支障になるかもしれないという不安の払拭のためにも，きちんと昼食をとっておいた方が「安心」ですし，また高額な受験料や授業料を支払ってでも高等教育サービス提供機関である「大学」というサービス財の購買を欲するのも，将来の就職活動の際の「安心」を得るためなのだと言っても過言ではないかもしれません。だからでしょうか。世界の中でも"日本の大学生ほど勉強しない学生はいない"と言われるのは。真の目的が大学での高度な専門知識の習得にあるのではなく，単にその卒業証書が欲しいだけで，しかも就職先の企業がそうした大学での専門知識の習得状態をまったく気にしないとするならば，できるだけ偏差値の高い大学に入ることを皆が狙い，小さいときから塾通いをするのも十分納得のいくことであるかもしれません。

§3. 企業とマーケティング

　さて一方で，その消費価値を提供しなければならない社会的な役目を担っているのが「企業」にほかなりません。それは，製品やサービスといった消費者にとって何らかの価値ある有形無形の「財」を生み出すために必要な様々な仕事を，「職業」として提供している「私的組織体」なのです。たとえば原料や部品の生産・製造，加工，組立て，運搬，仕入れ・販売といった仕事やそこに従事する人々にとって不可欠な食物の生産やそれを使用した"食事の提供"といった仕事，あるいはそれらの人々の余暇時間の楽しみを提供する様々な遊びや娯楽に係わる仕事，さらにはそうした人々が必要とする移動のための交通機関やそれら社会自体の安全を守るような仕事等々，とにかくありとあらゆるそうした仕事を職業として提供しているのが，ようするに「企業」なのです。役所や警察，消防署などと

いった税金などの公共的な資金で営まれているような「公的組織体」とは異なり，これら農林水産鉱工業や土木建設・交通運輸・情報・商業等々といった様々な領域において何らかの業務に携わる「企業」は，その仕事によって創造された社会への「提供財」そのものが何某かの「消費価値」を有し得る限りにおいて，社会的に存在が許され，そこから生み出された「利益」によって営まれているのです。もちろん，農家や職人業といった個人事業主であっても，その産出財が消費価値を持たない限り，自らの生計を立てることはできませんので，その本質は企業形態をとっていなくても同じことです。

　このことは当然ながら，この「企業」という組織体が，自らの生産物を購入してくれる消費者の存在している「市場」に向けて，そこでの「消費価値」に繋がるような何らかの「使用価値」を有する「提供財」を生産しなければならないことを意味します。したがって，企業の活動はまずはそうした使用価値の込められた提供財を市場に向けて創り出すための生産費用の捻出と投入から始まることになります。費用の捻出は自らの蓄積や銀行からの借り入れ，あるいは株券を発行して資金提供者から募ることなどによって可能であり，その費用をもって何がしかの技術を用いて提供財に込めるべき使用価値を創造し，それを「販売」することによって「利益」を得ることになります。もちろんこの使用価値は，少しでも多くの買い手にとっての「消費目的」に適うもの，すなわち「消費価値」に結びつくようなものでなければなりません。

　そうであるためには上述したように，企業は市場を形成している消費者が未来に向けていかなる生活戦略を構築し，その戦略に基づく消費目的をどのように達成しようとしているのかについての情報を得なければなりません。すなわち，消費者の日常的消費活動の背後に潜むその戦略がいかなる状況の中でいかなる目的をもって行われようとしているのかという消費者の「願望」そのものに，**接近**し，**探索**し，**分析**し，そこから何が求められているのかを**察知**し，そしてその願望達成に適うような使用価値を込め

た提供財を創造し，それが消費目的を満たし得る価値のある有効な手段としての財であることを市場に向けてプロモーション活動として**表現**（情報提示）しなければならないのです。

　企業が社会的に生存していくために必要不可欠なこうした活動自体とそのための考え方こそが「**マーケティング**」と呼ばれる概念なのです。すなわちマーケティングとは『企業が自らの提供財に対する「使用価値」の創造とその「販売」を行うことで，人々の日常の消費活動において求められるところの「消費目的」に適うような「消費価値」を，その提供財を通じて創り出し，それによって消費者個々人の「生活戦略」達成のための「支援」を行う活動』のことを言うのです。したがってそれは言葉を替えれば，マーケティングとは『企業の創り出す使用価値を消費者の求める消費価値に変換するための"装置"である』と言ってよいかもしれません。さらに言葉を費やせば，マーケティングとは『企業側の経済活動と消費者側の消費活動の間に横たわる価値体系の"差異"を埋める行為』であり，先にも述べた一個人としての「消費者」と「企業人」との間の利益的関係と同様に，まさにその"差異"にこそ，企業側の提供財から得られる利益と消費者側がその財の消費から得られる「相互利益創出」の本質が存在しているのです。

　ここまでの議論ですでに気づかれているかもしれませんが，企業側の利益というものがこのような理由によって発生するのであれば，そのためのマーケティング活動を遂行する上で必要不可欠となる最も基本的な視点とは，すべての物事を"消費者の立場に立って考える"ということではないでしょうか。これは米国でその概念がほぼ成立したとされる1930年代（アメリカ国内の多くの大学で『マーケティング』という名の科目が設置されるようになった時期）に，すでにマーケティングの基本理念として消費者志向（consumer orientation）とか顧客志向（customer orientation）という言葉で表現されており，今日ではすべてのマーケティングの教科書の冒頭に記載されていることです。企業と消費者の関係について，以上のこ

図表 1-1　使用価値と消費価値とマーケティング

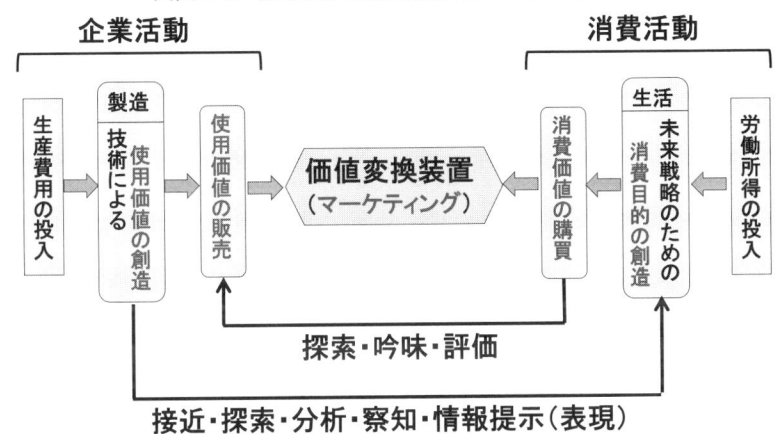

とを図としてまとめてみたのが図表 1-1 です。

　もちろん，わが国でも江戸時代の商人たちは「買い手よし，売り手よし，世間よし」といった言葉で，まずは買い手にとっての利益第一主義を重視し，それでこそ商人として世間に存在する価値が認められ，その結果として売り手としての利益が得られるのだ，という「三方よし」ということを標榜していました。当時の石門心学として著名な石田梅岩などは，商人の心得としてその著書である『都鄙問答』（岩波文庫）において「顧客への誠実で謙虚で正直な対応を心掛けること」を強調していました。よく一般的にいわれる「お客様は神様です」と言うのは，このことの象徴的な言い回しかもしれません。

　アメリカのような産業資本から発展した経済社会と違って，日本やヨーロッパの経済社会は古くから商業資本を中心に発展してきました。特に日本で 17, 8 世紀に確立された「商人道」という経営理念は，当時からのいわゆる"老舗企業"のビジネスを象徴するものとしてよく知られていますが，20 世紀初頭のアメリカで成立した上述の「マーケティング理念」とまったく同じであると言ってよいでしょう。百年以上の歴史を有する老舗

企業の数は日本が世界で一番多いと言われていますが，これもその企業経営の精神的中核に「商人道」としての教えを据えてきたからかもしれません。そうした企業が時代環境の変化による様々な荒波にも耐えて今日あるのは，何よりも顧客を大切に思い，顧客の側の喜びの創造にこそ自らの事業の社会的使命があることを，信念をもって受け継ぎ貫いてきた結果なのでありましょう。

　もちろんこのことは，企業という組織構成において，単に顧客と接する部門，たとえば営業担当者や小売店頭での販売担当者だけでなく，総務も経理も設計も製造も仕入れも人事も等々，とにかく企業内のすべての部門の従業員一人ひとりが，「自分の仕事は顧客の喜びに何某かの形で繋がっているのだ」との想いを抱くことができなければ不可能なことかもしれません。組織内のたった一人でも不正直な仕事をすれば，それは顧客の不満に繋がり，企業全体へのダメージになることは間違いないのですから。

　顧客にとっては，アルバイトも派遣社員も関係ありません。それはすべてその企業の"従業員"以外の何者でもないのです。一人ひとりが自らに与えられた仕事を的確に迅速に真摯に正直に対応してこそ顧客の喜ぶ笑顔が創造できるのです。そうであれば，わたしたちは「マーケティングとは何ですか？」と問われたとき，「それは企業が行うべき，お客様の笑顔を引き出すために必要なすべての活動のことなのです」といってよいかもしれません。もちろん，そのためには常に従業員側が笑顔で仕事ができる組織内環境が存在しなければ無理ですし，あるいはそのための環境づくりの仕事こそが"マネジメント"であり，売上高を伸ばしたり事業規模を拡大したりすること以上に重要な経営者に与えられた"真の仕事"なのかもしれません。

第2章
企業のマーケティングの枠組みとその実際

§1. マーケティングの定義

　マーケティングという概念は，これまで多くの学者によって様々な言い方で説明されてきました。わが国でもその多くはアメリカのマーケティング学者によって示されてきた定義に基づいて捉えられてきました。中でも最も著名なマーケティング学者であるP. コトラーの著書（*Kotler on Marketing*, The Free Press, 1999, p. 19）においては「マーケティングは販売活動と同じ意味ではない。なぜならその活動は企業が製品化する遥か前から始まっているからである。マーケティングとはマネジャーたちが顧客側の必要性を評価したり，その大きさや需要の強度を測定したりして，そこに利益的な機会が存在するかどうかを決定するという業務である」と述べられています。公的機関によるものとしては，アメリカのマーケティング協会（AMA）が適宜改定を行いながらその定義づけを行ってきました。たとえば2004年の定義では「マーケティングとは，組織やその関係者たちの利益となるような方法で，顧客に対する価値を創造し，伝達し，手渡すための，および顧客との関係性を管理するための組織的な機能であり，一連のプロセスである」と述べています。筆者も1985年から最近まで「マーケティングとは営利組織が財貨やサービスを最終顧客の手に渡し，

満足を与え，長期的な取引関係を実現するために必要なすべての手段，および行動に関する論理的な知識体系である」と自身の授業などで述べていました。

また著名な経営学者であるP.F.ドラッカーは，その多くの書物や講演において「マーケティングとは顧客の観点から見た事業の全体で，その領域や責任は企業の全部門に及ぶ」とか「事業目的として有効な定義は1つしかない。顧客の創造である。そのために最も重視しなければならないのはマーケティングであり，顧客の満足創造こそが企業の果たすべき使命である」と言い，さらには「マーケティングとは販売を不要にすることだ」とさえ述べています。

このように様々な研究者や機関によって定義づけられているマーケティングの概念なのですが，いずれにせよ，その主張するところの核心は，単なる販売活動ではなく，顧客の利益創造を第一とし，企業の提供財の企画からその販売，そして消費における満足の創造までを見据えた企業運営のための考え方だということです。とりわけ次のR.L.キング（*The Marketing Concept,* John Wiley, 1965, pp.70-97）によって定義されたマーケティングの捉え方が最も具体的であるかもしれません。すなわち「マーケティング・コンセプトとは，消費者が抱いている多様な問題を解決する目的と，企業の利益状況の計画的な増大とが矛盾しないように，全社的な諸力を動員し，活用し，統制することに関する経営の理念（もしくは哲学）である」というものです。ここでの「コンセプト（concept）」という用語は，日本語では一般に"概念"とか"観念"，あるいは"考え方"と訳されています。またビジネスの領域では"基本的な考え方"あるいは"統一的な主題；テーマ"といった意味でも使われています。キングのこの定義の場合も"マーケティングの基本的な考え方"という意味で捉えてよいでしょう。ここでは明らかに2つのマーケティングの役割が指摘されています。1つは「市場（買い手）に向けてのマーケティング」であり，もう1つは「企業組織内部（従業員）に向けてのマーケティング」です。

§2. 市場に向けてのマーケティング

1. 効用の消費という考え方

　キングによるこの市場に向けられるマーケティング活動の核心は「消費者側の多様な問題の解決」という点です。このことは，単に消費者というのは製品自体を欲しているのではなく，その製品が持っている問題解決要因，すなわち「効用」そのものであるということを示唆するものです。たとえばフィルムやそれを利用したカメラという製品について考えてみれば，わたしたちはそれら"道具"自体を必要としたわけではなく，思い出や記録としての映像がきちんと残せることが第一の目的なのですから，現在のようなデジタル処理によって，より簡単に安価にその目的が果たされるのであれば，フィルムやそれを利用するカメラでなくてもよい，ということになります。それらが消費者市場から消えてしまったのも納得のいく結果ではないでしょうか。
　また，"音楽を聴きたい"という欲求を満たすためには，昔はレコード盤に刻み込まれた音情報をレコード針でなぞりながら，それをプレーヤーやアンプやスピーカーといったオーディオ装置を通してその再生音を聴くという必要がありました。でもよく考えてみれば，わたしたちはそれら"道具"が必要なのではなく，音楽自体を聴ければよいのですから，それがより良い音でより快適に，あるいはより安価に聴ける道具が別に売り出されてしまえば，それを選択，利用することになります。今日ではデジタル信号化された音源を再生して，携帯電話やパソコンなどで音楽を聴くことが一般的となっています。昔のオーディオ装置はそうした趣味を持つ一部の人たちの高価な道具となってしまいました。あるいは人を快適に移動

させる道具としての自動車とか，木材に穴を開けたり釘を打ったりする道具としてのドリルや金槌も，必要とされるのは"快適な移動"であったり，"穴"そのものであったり，木材と木材とを強固に"繋ぎ合わせる"ことなのであり，それらの行為をより簡単に楽に，しかもより安く行えるのであれば別の道具や方法でもよいということです。当然ながらこのような道具については，その品質や性能といった物理的な価値としての技術性が優秀であるほど，そこから得られる利用者側の効用の程度も高くなるということになります。

　まさにここで言わんとしていることは，必要なのはその道具そのものではなく，その道具が果たしてくれる役割，すなわち「効用」なのだということです。もちろん，たとえば音楽を奏でるための道具である"ピアノ"が，より良い音や弾きやすさといった「物理的な消費価値」としての効用だけでなく，豊かな生活を象徴する"家具"の１つとしての社会的な意味を重視して消費される場合もあります。自動車でもその移動の便利さ以上に，人々の生活のステータス・シンボルとしての社会的な意味を重視して購入される場合もあります。ようするに「意味的な消費価値」としての効用の消費です。特に女性を消費対象としたような衣服やハンドバックや靴といったファッション品，あるいは化粧品などは，その品質や性能といった物理的な価値も重要ですが，それに加えてそのブランド自体のもつ意味的な消費の価値が強く意識されやすい商品でもあります。

　このようなことから言えば，あらゆる製品に「物理的な効用」と「意味的な効用」の双方が内在していると考えてよいのですが，まれに神社などでわたしたちがよく購入する"お守り"などは100％意味的な価値の効用だけという商品もありますし，安価な"ビニール傘"などは100％物理的な価値の効用だけで十分という商品もあります。また一般的に，産業財では物理的な効用の方がより重視され，逆に消費財の方は意味的な効用の方がより重視されがちです。いずれにせよ，企業の提供財が与えてくれるこうした「効用」にこそ，わたしたちにとっての「消費目的」そのものがあ

るのだと言えます。

2. 増分効用とプロモーション費用の関係

さて，この「効用」について考えるときに最も重要となるのは，当然ながら，新製品開発時においてです。すなわち，市場に投入された新製品の成功度合いは，従来品と比べた時のその効用の大きさがどれだけであるかに係わってくるからです。この大きさの程度を「増分効用」と言います。したがって，従来にはない画期的な新製品であればある程，その増分効用の程度は大きくなります。図表2-1は新製品の増分効用の程度が大きいか小さいかを横軸で表し，その必需性の程度が高いか低いかを縦軸で表しています。そうすると第Ⅰ象限は従来の認識では考えられもしないような誰もがアッと驚くような新製品で，しかも日常の生活における必要度の高い

図表2-1　製品の需要特性とプロモーション費用

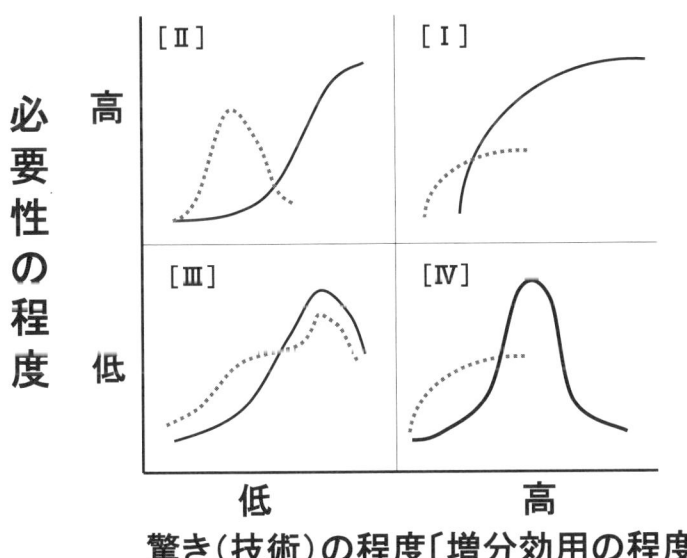

製品であるということになります。たとえば，電気炊飯器や冷蔵庫や電気掃除機，あるいはテレビやウォークマンといった製品を連想してもらえばよいでしょう。

　それらが登場する前の状況，すなわち，竈（かまど）やガスでご飯を炊いていたり，冬でも水で盥（たらい）を使って洗濯をしたりすることが当たり前の世界に突然スイッチ1つでご飯が炊けたり洗濯ができたりするという道具が登場したときの当時の人々の驚きはどれほどのものだったでしょうか。また，耳で聴くしかなかった野球中継や相撲中継が映像として楽しめるテレビの登場や屋内で聴くしかなかった音楽を外に持ち出せるようになったときの人々の驚きは，いかばかりだったことでしょう。

　もちろん家庭の娯楽や情報摂取の道具として，そして音楽も特に若者にはなくてはならない道具として，テレビもウォークマンも電気炊飯器や冷蔵庫，掃除機などと同様に日常生活においてなくてはならない必需性の高い製品なのです。しかもどの製品も少々高い価格であっても分割払いなどで誰でもが手に入れることができるのであれば，売れない訳はないのです。こうした製品は企業が広告などせずとも，マスメディアがニュースとして発売前から積極的に報道をしてくれるというパブリシティのおかげで，プロモーション費用をそれほどかけなくても，需要は急速に伸びていくことをこの図は表しているのです。

　ここで注意すべきは，この横軸上の特質として，効用の程度の高さは必ずしも技術的な複雑さを伴う必要はないということです。たとえば，ウォークマンの場合は従来のテープレコーダーから録音機能部分とスピーカー部分を取り除き，再生機能部分とイヤホーンだけの構造なので必然的に小型化したのです。また低価格で駅の売店でも買えて売れに売れたレンズ付きフィルムの「写ルンです」もフィルム箱にプラスチック・レンズを取り付けただけの製品で，従来のカメラの機構から見れば圧倒的に簡素なメカニズムなのです。ようするに人々がどれだけ"驚き"をもって受け入れたかどうかが問題なのです。

第Ⅱ象限は，それほど人々は驚かなかったのですが，必要性の程度が高い製品なので，従来品に比べてそれがどれほどの効用を与えてくれるものであるかという情報を積極的に流すことで，すなわち多額のプロモーション費用を掛けて人々にその価値を認識させることで，徐々にそれが市場に浸透して需要が高まってくることを示しています。第Ⅲ象限はそれが新製品であっても誰も驚くほどのものではないし，しかも必要性も少ないので，盛んに広告を掛けている間は売れますが，広告をやめると需要も落ちていくことを示しています。カップ麺や菓子類などを思い浮かべてみるとよいでしょう。

　そして第Ⅳ象限は，市場への登場に際して皆がアッと驚いてマスコミの話題を賑わした分，プロモーション費用もさほど掛からずに需要が一気に上昇したのですが，何しろ必要性の程度が低いのですぐに飽きられてしまい，需要も急速に下がります。ようするに一時的な流行に終わってしまうような製品です。これは遊びなどの娯楽的な製品に多く見られます。昔のフラフープやルービックキューブ，インベーダーゲームやたまごっち，スーパーマリオなどのゲームソフト等々，皆一時的なブームで終わってしまいました。

　こうした製品は，さらなる投資を行い，より複雑な技術でバージョンアップした製品を市場に出しても，その投資回収を可能にするほどの売上は困難となるのが一般的です。もちろん別の会社が二番煎じ的な製品を追随したとしても，たいていの場合，市場の熱はすぐに覚めてしまうので，十分な利益を確保するまでには至らない場合が多いのです。

　したがって，先発企業は需要がピークに達して創業者利益を十分に獲得した時点でその特許を早々に売ってしまい，その収益を次の新製品開発のための投資に回した方が賢明な戦略となります。あるいは芸能界の商品としてのアイドル・タレントもこの特質を持っており，その所属事務所では次々と新人を発掘しながらメディア市場に登場させていかなければならないのです。

この図から明らかなように，新製品開発における最も有効な戦略とは第Ⅰ象限に相当する画期的で必需性の高い製品を企画するということです。しかしこのためには，人々の現状における解決すべき課題とは何か，日常生活における問題点とは何かを消費者の立場に立って徹底的に探らなければなりません。乳幼児を抱える母親の課題とは何か，学生にとっての課題とは何か，介護の必要な親を抱える家族にとって，定年を迎えた夫婦にとって等々。様々な状況下にある人々の抱える必需性の高い解決すべき課題とは何かを考えなければなりません。その課題が発見されたとき，それを自社の資源を利用していかに解決できるのか，あるいは支援することができるのか，そのための具体的なアイディアや具体的な製品イメージが定まったところで，それをいかなる技術で具現化するかを考えなければならないのです。まさに第Ⅰ象限に相当するような新製品を開発するためには，「市場から技術を見る」という視点を持つことが何よりも重要となるのです。

3. 効用の価値表現としての製品コンセプト

　ところで，この企業の提供財について，特にわたしたち消費者はその製品の品質や性能に関する専門的な知識を十分に持っているわけではありませんし，またそれが自分の生活戦略上いかなる消費価値があるのかについても的確に認識しているわけではありません。そこで，その製品の効用がどのような消費価値を与えてくれるのかについて，具体的に分かりやすく伝えてもらう必要があります。実はその作業こそが「製品コンセプト」を創造するという仕事に他ならないのです。この場合の「コンセプト」とは，"製品の消費価値を示す象徴的なテーマ"を表す言葉として用いられています。サービス業の場合であれば「サービス・コンセプトの創造」であり，小売業者の場合は「ストア・コンセプトの創造」ということになりますが，その本質はすべて同じです。すなわち「製品コンセプト」とは，製品の効用を特徴的に示すことに関する考え方です。具体的には『製品の

品質や性能などの特質が，消費者の生活の中でいかなる役割を果たすのかについて，他の製品との差別的な本質を言語的，五感的（視覚，聴覚，嗅覚，触覚，味覚）サインとして分かりやすく表現することであり，製品利用者の問題解決要因を明示化すること』なのです。ようするに「製品コンセプトを創造する」とは，消費者側にこれら五感を通して分かりやすく彼らにとっての消費価値を伝える作業のことなのです。特に消費財では小売店内の陳列棚に他企業の製品と同列に並べられた中から自社の製品を選んでもらわなければなりませんので，消費財製造業者にとっては非常に重要な作業となります。具体的には，たとえば商品名（ネーミング）やパッケージデザインをどうするか，あるいはそこに描かれる絵柄をどうするか，そしてマスメディアを通じて広告やテレビCMの表現などをどうするかといった作業に他なりません。

　したがって，いかなるコンセプトで製品を市場に出すのかが決まれば，それに合わせて具体的な品質や性能，その価格や広告の表現内容，そしてどういう小売店で販売すればよいのかまで，いわゆるマーケティング・ミックス要因として知られる4P（Product：製品，Price：価格，Promotion：促進，Place：場所）の内容が自動的に決まらざるを得ないのです。そうした意味からすれば，まさにこのコンセプトの成否が売り上げを左右してしまうと言っても過言ではありません。

　たとえば，図表2-2に例示された商品などは，各商品のもつ使用価値が消費者にとっていかなるものであるか，すなわちその消費価値が一目見ただけで理解されるような巧みなネーミングになっています。またダジャレのような商品名であっても，買い手にとってはその商品の効用（消費価値）が非常に分かりやすく，これもその商品コンセプトを理解してもらう上で重要なネーミング手法であると言えます。このようにこれらは，子供を雑菌から守りたいと思っている母親の問題解決のために，飲ませることが難しい乳幼児に何とか薬を飲ませたいと思っている母親の悩みの解決のために，転んだ程度では骨を折ってしまわないような丈夫な子に育てたい

図表 2-2　商品名によるコンセプト表現

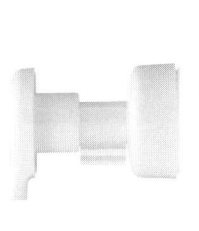

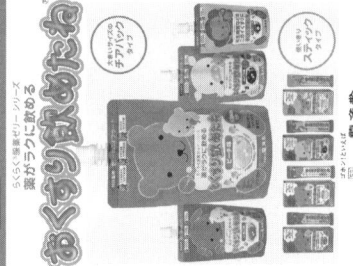

と願っている母親の問題解決のために，脂肪を減らして少しでもスマートで健康的なスタイルにしたいと願っているような女性の問題解決のために，熱を少しでも早く下げたいという苦痛の解決のために等々，その商品の消費価値そのものがズバリ表現されているのです。

　当然ながら，広告表現やテレビCMの映像表現もこのネーミングによって示されるコンセプトに相応しいものでなければなりませんし，その悩みの解決の重要度に合わせた価格設定がなされることになります。もちろんこれらの製品の販売場所も，その買い手である消費者にとって求めやすい小売店に置かれることになります。そうであれば当然，スーパーやコンビニエンスストアはもちろんのこと，ドラックストアや調剤薬局，幼児関連商品を扱うような専門店などが選ばれるでしょう。このように，コンセプトが決まれば，4Pは自動的に決まることになるのです。

　もちろん，製品の場合だけでなく，たとえば百貨店がそのストア・コンセプトの設定に際して，単に「高級な商品が置いてある場所」とした場合と「母と娘のコミュニケーションを回復する場所」とした場合とでは，その店内構成の仕方などマーケティングのすべてが異なることになります。また健康ランドのサービス・コンセプトの設定に際して，単に「健康を回復する場所」とした場合と「肉体に関する変身欲求を満たす場所」とした場合では，提供するサービスの内容が大きく変わることになるでしょう。変身欲求を満たすというのであれば，限りなくそのサービスの内容はエステティックサロンに近づけなければならないでしょう。

§3.　従業員に向けてのマーケティングと社員教育

　さて，前述したキングのマーケティングの考え方のもう1つの核心である「企業組織内部（従業員）に向けてのマーケティング」について考えて

みることにしましょう。マーケティング担当者は，市場に向けたその活動に必要な費用が一般的に考えて無限であることはないので，可能なマーケティング予算の制約状況を常に的確に把握しておかなければなりませんし，どの程度の人材の質と量が必要となるのかについても把握しておかなければなりません。また工場などの設備や技術水準といった点に関する状況も十分に把握したうえでの市場活動の展開が必要となります。したがって，マーケティング担当者は消費者の課題解決にどのように応えるかといった企業外部の市場問題だけでなく，そうした企業の組織内部の資源状況にも眼を向け，それらを十分に考慮しながら，市場価値の最大化に向けた課題解決を図らなければならないのです。

　そうは言っても，現実的に考えて，キングの定義に見るようなマーケティング部門が"全社的な諸力を動員したり，活用したり，統制したりする"というのは，部門自体やその責任担当者が社長の次ぐらいのよほどの権力的な地位になければ困難なことです。ようするに，企業組織の内部にまでその権限が及ばないのであれば，ここまでの議論でも理解できるように，顧客満足を創造するという使命をもったマーケティング活動が十分な成果を収めることはできないでしょう。

　ところが，もし企業内のあらゆる部門において，市場志向のもとに日々の仕事がなされるような組織体制となっており，顧客満足に向けた他の全部門のバックアップが期待できるのであれば，マーケティング部門がそうした権限を有していなくても十分な成果を上げることは可能です。なぜなら，市場や顧客と直接接触することのない部門の人々までがマーケティング活動の意味を十分に理解し，市場での消費価値創造に向けて，各部門が有機的に連携し得るのであれば，必然的に市場成果の最大化を目的とした「マーケティング組織」そのものとして企業全体が機能することになるからです。

　すなわち，企業の全員がマーケティング志向を持っているのであれば，マーケティング担当者が他の部門のことを詳細に把握したり，統制したり

といったことを気にせずとも，各部門の迅速で的確なバックアップを受けながら，市場の顧客のための価値創造に向けてその全力を傾けることができることになるのです。ここに至ってはじめて，キングの定義にあるように"全社的な諸力を動員し，活用し，統制すること"という，マーケティング活動を企業の中核とした組織的市場対応が可能になるのです。そうであれば企業にとって最も重要となるのは，**社長から新入社員まで，全員一人ひとりが"マーケティングとは何か"ということを徹底的に理解している**かどうかということではないでしょうか。しかもそれは，どのような部門の業務であれ「社内で課せられた自分の仕事は間違いなく顧客の消費価値創造の一端に繋がっているのだ」という認識を生み出し，そこにこそ人としての労働の価値，すなわち「働きがい」という感情が醸成され，さらなる労働意欲とそれをやり抜く意志そのものを創り出すことに繋がるのではないでしょうか。

　したがって，巷の多くの企業の新入社員教育などに典型的に見られるように，単に自社で扱う製品に関する物理的知識や各部門のデスクワークに関する知識，あるいは営業担当者の挨拶の仕方や同業他社に関する知識等々を詰め込むことが社員教育の本当の姿ではないのです。社員教育において最も重要なこと，それはドラッカー教授の教えにも見たように，企業の存在価値とは市場の顧客の満足を創造することにあるのですから，そのためには「消費価値の創造に向けて，社員一人ひとりが日々の仕事を**誠実**に，**正直**に，**真摯**に行いながら，その努力への対価として十分な給料の支払いがなされ，明日の顧客満足創造のために必要な企業としての利益蓄積がなされるのだ」ということへの理解を促すことなのです。そうした組織的行為こそが，『社員教育』というものの真の姿であることを知らなければなりません。これこそが"従業員の満足を創造する"ための企業内部に向けたマーケティング活動そのものなのであり，この活動を前提としてこそ，"顧客の満足を創造する"という活動にたどり着くのだということを理解しなければなりません。

§4. 主意主義的な経営体制の重要性

　このような企業内部の従業員に向けたマーケティングについて，次のようにまとめることができます。企業が最善のマーケティング活動を展開するためには，何よりもその組織内のすべての人々が働きがいを感じて仕事ができる，という状況こそが，必要不可欠だということです。なぜなら，組織成果を高めようとしても従業員側に業務目的の理解と働く意欲や意志がなければ成果は上がらないからです。そのためには従業員自らが顧客のために働きたくなる組織内環境を創造しなければなりません。

　この具体化のための条件は2つです。1つは顧客のために働くことの価値を理解し，意志を持ってそれを行うということです。これには上述したように，社長や取締役も含めた企業組織全体としての社員教育の内容自体が大きく影響します。もう1つは，社員一人ひとりの仕事の内容と成果に見合った報酬があるかどうかということであり，しかもそれは誰もが納得する形で制度化されているかどうかということです。

　組織としてこの2つの条件が満たされていれば，企業全体として，マーケティング志向に基づいた「主意主義的」な活動がなされるはずです。それは，社員一人ひとりが，自分がどういう仕事をすれば顧客の価値向上に繋がるのかということを自ら考え行動できるような，いわゆる「自律的な働きのできる社員で満たされた会社」ということにほかなりません。このような「主意主義的な経営体制」の下では，上司が部下を評価する基準さえも社会にとって望ましいものになります。すなわちそこでは，上司に評価される仕事ではなく，顧客や社会に評価されるような仕事をどの程度行ったかが，個々の社員の評価基準となるからです。マーケティングの考察対象である企業とは，役所などの公的機関や電力会社などのような独占企業とは異なり，顧客や社会からの支持を受けてのみ，その市場社会での存続が許されるのですから。

第3章
企業の規模拡大志向とその問題点

§1. 企業の事業目的に関する2つの価値観

　これまでの第1章と第2章で述べられてきた重要なポイントは，次の2点です。企業とはまず第1に，有形財であれ無形財であれ，その提供財が提示される市場において顧客の支持を得ること，すなわちそれを消費する価値があると買い手に評価される限りにおいて，しかもそれが他の企業の提供財以上に優れていると評価されればされるほど，この市場経済社会における存続が許されるのだということ。そして第2に，その企業がそうした評価を得るためには，社長から新入社員に至るまで，全員がマーケティング志向を理解し，その下で日々の仕事が主意主義的になされなければならない，ということです。

　しかし，単純に考えてみても，特にこの第2のポイントについて，これを企業組織として実現するためには，その社員数が何万人もいるような大企業や，あるいは何百店何千店という店舗数を有しているようなチェーン小売業やチェーン飲食店業などでは非常に難しいことなのではないでしょうか。たとえば一般的に考えても，その規模の大小にかかわらず，通常の製造企業であれば，営業・販売，経営企画，総務，人事，経理，広報・宣伝，設計・製造，調達，物流等々，多数の部門から構成されています。し

たがって市場価値の最大化のためには，これら各部門の人々すべてが顧客志向の意味を理解し，市場での価値創造を実現するために迅速に的確にマーケティングあるいは営業・販売といった部門をバックアップしていくということ，そしてそのための部門間での意思疎通が十分になされていることが不可欠になります。

　このことからすれば，何千人，何万人というように従業員の数が多くなればなるほど，その意思疎通には気が遠くなるほどの努力と困難性を伴うのではないかというのは容易に理解できるところです。なにしろその教育費もその規模に応じて膨大な額になります。まして人件費を"コスト"であると考えているような企業であればある程，マーケティング志向を十分に理解できるまでに人材を育てるといった時間と費用をかけた質の高い教育など，望みようもないことです。そうだからでしょうか。その企業で働く全員が「商人道」の教えを実践しながら，種々の時代環境の変化やそれに伴うあらゆる物事に関する人々の価値観の変化をも乗り越え，百年以上もの長きに亘って顧客の消費価値創造に貢献しているような，いわゆる"老舗企業"の圧倒的多数が中小規模の企業であるというのは。

　こうした議論の中に，実は「企業の事業（business）目的とは何か」について考えたとき，企業というものに関する大きな価値認識上の"対決"が見られるのではないでしょうか。1つは，"企業の事業目的とは，その規模を拡大・成長させることであり，大きくなればなるほど売上高や利益といったその儲け額も莫大なものとなり，それによって企業としての安定性を高めていくことである"といった考え方です。もう1つは，"企業の事業目的とは，顧客に支持・評価されるような成果を生み出すことであり，利益はその結果として付いてくるもので，できるだけ永く，その企業生命を全うすることである"というものです。

　したがって，前者は，いかにして市場占拠率を高めながら売り上げを増やしていくかという戦略が重視されることになります。そこでは必然的に市場の地理的な拡大と個々の買い手の需要頻度の増大が不可欠となりま

す。後者は，いかなる市場価値の創出によって，個々の買い手の支持を永く受け続けていくかという戦略が重視されることになります。そこでは必然的に買い手側における使用・消費価値の評価の継続性とその買い手から別の買い手へとそうした経験価値がどれだけ伝達されていくかが重視されることになります。この第3章と次の第4章において，前者の企業規模拡大志向について検討していくことにし，第5章で後者の組織永続志向について以下検討していくことにしましょう。

§2. 企業の永続的な売上高拡大の限界性

　一般的に，社会もその事業主も企業の事業成果を測る物差を対前年比売上高の割合に置いている場合が多いようです。売上高が対前年比で何パーセント増大したか，あるいはこの3年，5年，あるいは10年といった長さでそれを測る場合もあります。この伸び率が高ければ高いほど，その企業が拡大・成長した証しとして評価されています。それは特にその企業のトップが株主から雇われた経営者であれば，株主に対して自分の経営者としての能力の高さを示すためにも必要不可欠なことです。もちろんこの対前年比売上高が伸び続けるということは，その企業の提供財が売れ続けているということに他なりません。しかしもしこの財が，他社の多くも手掛けているような財であるならば，すなわち同一財を扱う競争企業が多い場合は，その売れ続けてきた理由を次の2つの視点から捉えておく必要があります。

1. 国内総需要増大期における市場特質

　1つは，その財を扱っている産業界全体の需要が伸びているために，当

該企業の提供財も売上高や販売数量の規模を伸ばしたということです。日本では1960年代や70年代といった過去において，全国的な規模で多くの産業界に見られた現象です。自動車産業，家電産業，住宅産業，ファッション衣料産業，食品関連産業，あるいはそうした業界に原材料や部品を供給する産業財企業や石油，鉄鋼，窯業，建設，繊維といった基幹的産業，さらには銀行や証券業界，そして百貨店などの小売業等々，とにかく国内のあらゆる産業界の企業の売上高が伸び，それに伴ってそこで働く人々の給与も毎年のように伸び続けたのです。いわゆる高度経済成長期と呼ばれる時代でした。しかもその提供財の多くは，従来の製品の効用とは比べものにならないほどに便利で，しかも同じものを大量に生産すればするほど製品1単位当たりの費用が低下するという「規模の経済性（economies of scale）」原理に基づく大量生産システムの確立によって，誰でもが買える価格で供給されたために一気にその需要を全国的規模で満たしていったのです。

　まさに造れば造っただけ売れたという，多くの企業が儲かった時代だったのです。それは，第2次世界大戦後の貧しい時代の憧れであったアメリカ的"文化的生活"への夢が叶い，今日の"豊かな時代"と呼ばれる礎が築かれた時代でもあったのです。ようするに，そうした好況経済的状況が急速に実現したということは，それら業界で産出された財に対する全国規模での膨大な需要そのものが満たされていく過程で，それが画期的な効用を有していた分だけ，それらの財の基本機能さえ十分であれば，デザインや使い勝手などの細かな差異がさほど気にされずにどのような企業の提供財でも売れた時代だったのです。すなわち"ブランド間格差"のほとんどなかった時代であったということができるでしょう。それはアメリカに1920年代に訪れたいわゆる"大衆消費社会"というものが，40年も遅れてやっとこの日本にも訪れたということなのです。余談ですが，40年も前に大量生産の仕組みが確立し，しかも豊富な生産資源を背景に膨大な産業力を有していたアメリカと日本は戦争をしたのですから，これを"無謀

な戦い"と言わずに何と表現すればよいのでしょうか。

　しかし70年代後半から80年代に入ると，現代生活に必要なたいていの製品がどの家庭でも充たされるようになってしまいました。そうして大方の需要が満杯になると，それぞれの業界内では急速に企業間格差が生じていきました。すなわち，そのほとんどは買い換え需要となり，商品知識も増えた消費者にとってはどんなブランドの製品でもよいというわけにはいかなくなったのです。しかも買い換えは一斉に生じるわけではなく，それぞれの消費者の意向や家庭の状況にも左右されるようになりました。たとえば製品を永く大切に扱う消費者もいれば，すこしでも早く新しい製品に切り替えたいという消費者もいました。また見かけだけのマイナーチェンジであるにもかかわらず，"新製品"と銘打って誇大な広告を行う企業もありました。ようするに，従来の製品に比べたときの効用の違いがほとんどないような，いわゆる「増分効用」の小さい製品が多数出回るようになったのです。結局，80年代末のバブル景気が崩壊して90年代に入ると，今日にまで続く長い需要の停滞期が始まったのです。

2. 国内総需要停滞期における市場特質

　ここにおいて，企業の提供財を売り続けるためのもう1つの視点がでてきます。すなわち，需要が停滞する中で企業が売上高や販売数量の規模を拡大・成長させ続けるためには，たとえばより一層の低価格販売を仕掛けて他社の市場を奪うこと，あるいはより容易な方策として他県へ，全国へ，というように地理的市場範囲を拡大すること，さらには日本全国で足りなければ海外市場へとその財の販売を拡げて行く，といった考え方です。

　自動車業界では国内での需要の伸びが鈍り始めた70年代半ばから急速にアメリカ市場に進出し，日本人の丁寧な物づくり精神による技術の優秀さと，しかも当時のドルに比べて円が安かったこともあって低価格での販売ができたことから，瞬く間にそのシェアを伸ばしていったのでした。ま

た80年代に入ると海外現地での生産なども開始して，あれよあれよという間に自動車王国の代表的ブランドであったフォードやGMのシェアを奪っていったのです。自動二輪車の業界でもヤマハやホンダなどが品質の高さと低価格でアメリカや東南アジアの市場を席巻していきました。家電業界なども欧米だけでなく，90年代に入ると自動二輪に負けじと中国や東南アジアの市場へもその販路を拡大していきました。また食品業界や衣料品業界，あるいは家電業界などの製造業者の中には，労働力の安い海外での生産を積極的に推し進めながら，日本国内に逆輸入して非常に安価な製品を供給するようになったのです。

　さらに小売業界では，製造業者の大量生産システムによって供給されてくる膨大な量の消費財を，大規模量販店やコンビニエンスストアチェーンが日本の津々浦々まで出店することによってそれらを大量に消化していきました。そうしてそれまで地方の小売業者によって満たされていた市場を次々と奪っていったのです。こうして1つの産業界の中でも，激しい同業者間競争に勝ち抜きながら，自社の提供財の売上高を拡大・成長させることのできた企業とそうでない企業の間での企業間格差がより一層広がる時代となったのです。

　しかし単純に考えても，この地理的市場の拡大戦略というのは，その拡大した地域での需要も時間がたてば必然的に飽和することになるのですから，当然売上高や販売数量の伸びも鈍化せざるを得ず，結局は限界が生じるのです。それでもそれらを増やし続けなければならないのであれば，さらなる新たな市場地域を求めて拡大していくしかありません。そしてそのためにはもちろん，第4章の§3でも詳細に説明されるように，生産・販売の供給量を増やすための総費用も増大することになるので，それを賄うためにヨリ一層の売上拡大を求めざるを得ないのです。

　ところが，そうして世界中の国々を席巻したところで，結局地球の外の宇宙にまでは販売を拡げていくことはできないのですから，いつかは限界が来ることになるでしょう。また，1つの地域内だけに留まりながら売上

高の拡大を図る場合でも，結局はその地域内の同業者の市場シェアを奪い続けるしかなく，最終的にはその地域の中での寡占状態や独占状態を創り出すほかなくなります。だからといって，シェア拡大に向けた低価格戦略によって販売数量だけを伸ばしたとしても，その分売上高や利益額が減ったのでは意味がありません。結果的にその段階で売上高は停滞することになりますし，コスト圧縮による利益の拡大も限界のあること（企業維持に必要なコストをゼロにすることはできない）ですので，その地域を飛び出して他の地域市場へと拡張し続けることでのみ，売上高や販売数量の拡大を図らざるを得なくなるのです。もちろん，そうして事業規模が拡大すればするほど，業務管理費用もそれに伴って増えることは当たり前ですので，それを補うためにも，さらなる売り上げの拡大が必要となるのです。その繰り返しの中で，いつかは息切れが生じたとしても無理からぬところでしょう。なお，一般的に産出量の増大に伴ってその業務全体に係わる費用の平均値が当初は減少するのですが，ある一定のところまで下がると徐々に増加に転ずることの説明は第4章の§4で行います。

　ここに至り，企業が売上高を増大し続けるためには，特に衣食住に関する基本的な需要が満たされたいわゆる"豊かな社会"においては，他社の市場を奪いながら地理的にも永久に販売市場の拡大を求めることしかないのです。しかも，売上高の拡大志向を取る企業にどれだけの売上高や利益を得れば満足できるのか，すなわち「最終目標額はいくらですか」という質問をしたところで，それはナンセンスというものでしょう。そうです。拡大・成長戦略というものは本来，満足の上限もなく，まったく無目的に永久にその売上額の増大を求め続けなければならないのです。まさに貨幣獲得の欲望には限界がなく，貨幣を増やすこと自体が目的化されてしまう世界なのです。そしていつかは必ず破綻の日を迎えることになるのは歴史の教えるところでもあります。

§3. 企業の技術革新と市場再生化

　さて，とはいうものの，上述の論理は，同一の効用を有する財を多くの企業が売り続けた場合のことで，それは当然ながら，いつかはその需要が飽和してしまうのは当たり前かもしれません。しかしもし，第2章§2の2.で述べたように，画期的な技術革新で従来にはない増分効用の高い，しかも大部分の消費者にとって必要性の程度も高いというような製品を市場に提供した場合についてはどうでしょうか。それも何と，人々がまだ使用可能であるにもかかわらず，従来の製品を捨て去り，その新製品を購買，使用してくれるというのです。最近の例で言えば，今では"ガラケー"と呼ばれるようになった従来の携帯電話からスマートフォンに大部分の消費者が切り替えたようにです。そうであれば，市場はまたゼロから増やしていくことができるのです。そしてこれを定期的に繰り返すのであれば，永久にその売上高や販売数量を増やし続けることができるのではないでしょうか。すなわち，技術革新によって"定期的に市場の再生化を図る"のです。

　このように，同一市場であっても，そこに参入しているすべての企業が，それぞれに確保している市場シェアに応じて，その顧客たちが再生化に協力してくれ，従来の製品を捨て去り，新たな製品を購入してくれるのであれば，すべての企業が売上高を継続的に伸ばしていくことができるでしょう。しかし，このような状況は，現実的に考えて可能なことなのでしょうか。たとえば企業の側から考えてみれば，新技術の開発のためには膨大な投資や時間もかかりますし，すべての企業がその画期的な新技術を同時に開発すること自体，非現実的なことです。だからといって，それほど画期的な効用の増分がないにもかかわらず，それを"新製品"と謳って世に出せば，"計画的陳腐化"を図っているとして，すなわち"まだ使え

る製品を捨て去ることを促して無駄を創り出す企業"として，社会的な非難を浴びることになるでしょう．今日では，環境問題的に見てもそうしたマーケティング戦略は許されないでしょう．

　また新製品の登場という状況を消費者の側から考えてみれば，スマートフォンのようによほどの画期的な新製品でもなければ，そう簡単に今使用している製品を捨て去ってくれるわけではないでしょう．100円200円の低価格品であればまだしも，それなりの値段のものであれば，その新製品を購入するための個々の経済的条件はバラバラでしょうし，従来品への愛着度もそれぞれでしょう．さらには，その新製品そのものを無駄な購買対象であると見るかそうでないかも人によって異なるでしょう．このことは，ちょっとした事例を考えてみても分かります．たとえば，マイクロソフト社がウインドウズ8という新バージョンを登場させたからといって，それが従来品と比べて増分効用が小さいのであれば，すべての消費者が従来品のウインドウズ7からウインドウズ8に切り替えるわけではありませんし，液晶テレビが2000年に登場し，2003年には地上波放送までデジタルに切り替わった時も，強制的にアナログ放送が打ち切られるまで多くの人々がブラウン管型テレビを捨て去りませんでした．近年そのデジタル・テレビ市場に画像がより鮮明だとして，4Kテレビが新製品として投入されましたが，ほとんど需要が伸びていないことも周知の事実です．

　ようするに，上に述べたような"市場の再生化"によってその業界のすべての企業の売上高や販売数量が永久に拡大し続けるなどという考え方は，まったく"机上の空論"と言ってよいのです．したがって市場というものは，企業側における売り手間格差や消費する側における買い手間格差が存在することの方が自然なのです．このことを経済学の用語で言えば，完全競争概念が机上の空論であり，不完全競争こそが市場の自然の姿なのだ，ということになります．これについては，第4章の§5でも詳しく述べることにします．

§4. 市場シェア争奪戦による成長の限界

　それでは現実的に考えてみましょう。たとえば画期的な技術革新によって，しかも多くの人々にとって必要性の高い製品を，ある特定の企業が先発的に開発したとしましょう。当然その先発企業への需要が集中することになります。なにしろその新製品の与えてくれる便利さは従来品に比べて圧倒的であり，しかも日常の生活になくてはならない製品なのですから。ましてこの企業がその画期的な技術に関する特許を申請しているのであれば，なおさらのこと他の企業は大変です。それら他の企業はその先発企業の後塵を拝する形で別の技術的な方法を開発し，同じ効用価値を有する製品を後発企業として追いかけなければならなくなるのです。自らの市場がこの先発企業にどんどん奪われて売上が日々減っていくのを，指をくわえて見ているわけにはいかないのです。

　このことは，逆に，その時点までは弱小の企業であっても，そうした技術革新によって先発企業として従来のシェア順位をひっくり返すことも可能なことを意味します。たとえばそれは「ウインドウズ95」を開発したマイクロソフト社や高性能の「演算処理チップ」を開発したインテル社，あるいは「iphone」のアップル社といった企業に典型的にみられる事実でありますし，日本企業でもソニーやホンダなど小企業から大企業へと成長した例は様々な業界に多数見られます。

　もちろん，このような例は製造業者に限ったことではありません。サービス業の世界でも，そのサービス技術の画期的な方法の開発，たとえば散髪業である理髪店が行う散髪，洗髪，顔剃りといった一連の作業をバラ売りするといった方法で，従来の理髪店市場において大きくそのシェアを獲得している企業もあります。またコンビニエンスストアなども24時間営業や銀行支払サービスなど多くの店舗利用上の効用の増大を可能にする画

期的な運営システムを開発することによって，小売市場の中で大きなシェアを獲得していることは言うまでもないことでしょう。卸売業の世界でも，アマゾンなどはその画期的な書籍流通システムを開発することで，世界的な大企業になりました。

　一方で，この技術開発競争に敗れ去った企業は，それまでの既存品の在庫超過を招くこととなり，おのずと市場での成長が鈍化し，赤字額が膨れ上がり，その市場から撤退していく場合すら珍しくありません。こうして製造業者であれば自らが扱う特定の製品市場の中で，小売業者であれば特定の地理的範囲内の市場において，まさに鎬を削りながら同業他社と戦い続けているのです。少しでも油断をすれば，成長を維持し続けることはできません。その伸びが鈍化すれば，他の市場を求めるか，先にも述べたように，国境を越えてでも売上高を拡大し続けるしかありません。

　しかし，こうしたビジネスの拡大志向の大きな問題点は，なにしろ常にその売上高を増大しようとして次々と工場から溢れ出すように製品を市場に供給し続けたとしても，その市場を形成する一定の地理的範囲内において必ず需要の限界が生じ，したがってそれによる超過在庫を捌くためにも，さらに次々と他の地理的な市場範囲の設定を繰り返し続けていくことになりますが，結局は限りがないということです。それはその地理的市場範囲の中で膨大で急激な人口の増大でもない限り，その市場を独占してすら，必ず売上げの限界というものが遅からず迫ってくるのです。まさにこうした拡大成長の呪縛から逃れるための新たなビジネスの考え方に基づいた事業展開のあり方を探る今日的な価値が，ここにこそ存在しているのではないでしょうか。

§5. 拡大成長志向におけるマーケティングの特質

　さて，ここまでの議論で明らかなように，現代の資本主義経済社会における市場競争の中で，企業がその貨幣的利潤極大化を求めるためには，永久に売上高や販売数量，市場シェア，利益などの増大に向けて事業規模を拡大して行かなければならないのです。しかし個々の企業の提供財の増大に合わせて需要も増大するとは限らないので，必ず在庫超過を招くことになります。だからといって，この問題の解決のために他の地理的市場領域を求めて捌き続けたとしても，そこでの需要停滞が生じるのは時間の問題で，結局は次から次へと市場領域の拡大を続けなければなりません。上述したように，それでは限りがありません。そこで当然ながら，何とか当該市場の中で生き残っていくための打開策がないかを探ることになります。
　すると，次の2つの方策が浮かび上がることになります。まず1つは，売れる分だけ，すなわち需要に見合った分だけの生産を行い，過剰在庫を発生させないための方法を考えるということです。たとえば小売店頭で常時10個の陳列が必要であるとすれば，7，8個売れた時点でその分が迅速に補充されれば，欠品もなく販売機会を逃さずに済みますし，小売段階での在庫確保，およびそのためのスペースが不要になります。この仕組みを実現するためには売れた分の情報をどれだけ迅速に製造段階に伝えるか，そうして製造されたものをどれだけ迅速に小売店頭まで配送するかといった体制が不可欠になります。
　今日では，そのための方法がトヨタの「かんばん方式（ジャスト・イン・タイム）」や「サプライ・チェーン・マネジメント」としてよく知られています。前者は自動車生産における工場段階において下請け企業による部品供給から完成品の出荷に至るまでが淀みなく流れるための情報管理システムのことで，その方式は世界中に広まりました。後者は特にPOS

（販売時点情報管理：point of sales）システムなどに代表されるように，小売段階における販売時点での情報処理システム技術が急速に発展し，大手の量販店やコンビニエンスストアを中心に過剰在庫を抑制するシステムが完備されるようになりました。ここに至り，小売段階での販売情報が卸売業者，製造業者，そしてそこに原料や部品を供給する産業財企業の段階にまで瞬時に伝わり，小売段階での販売に必要な量だけが切れ目なく迅速に供給・配送されるような流通体制が実現されるようになったのです。

　しかし，こうした体制を取ったところで，小売段階から次の最終段階である消費者へと製品が流れないのであれば，すなわち消費者側にその製品の消費価値が認められず，購買されないのであれば，当然ながら，小売企業も卸売企業も完成品製造企業もそして原材料供給企業も，その生産業務や流通業務，販売業務を続けることができなくなるのです。ここに至り，小売段階から消費者の段階へとスムーズに製品を流すためにはどうすればよいのかといった問題，すなわちそれは取りも直さず，その製品を購入したいという欲求を限りなく増長させていくためにはどうするか，という課題解決が必要不可欠となるのです。上述の過剰在庫を打開するための2つ目の方策，というのはこのことです。

　そこでまず何よりもこの課題解決のために行うべき作業とは，消費者に対して常に商品の新しい評価軸の移動を提案するということです。ある意味，従来の「マーケティング」というものに対する一般的なイメージからすれば，この仕事こそが「マーケティング」なのだと思われても仕方のないところがあります。すなわち，「今お使いのあなたの製品には，この新製品が提供するこんな機能はありませんよね。もしこの新しい機能を持った製品をあなたが利用するのであれば，あなたの今抱えている問題をこれまで以上に迅速に快適に解決することができますよ！」と，どんな微細な違いであっても旧製品と新製品の異質的価値を強調するようなプロモーション・メッセージを次から次へと繰り出しながら，この新製品への切り替えを促すのです。

こうして一時として停滞することが許されず，売上高や市場シェアの永久増大化を目指して，次々と製品の新しい評価軸を提示しながら買い手である消費者にとっての価値の理解を促す情報創造を行い続けることこそが，資本主義社会における企業の利潤極大化のための条件として必要不可欠な行為となるのです。何のことはない，"新評価軸"とは新しい欲望への刺激そのものであり，この"情報創造力"とは"プロモーションの巧みさ"ということに他なりません。

　しかし，これでは企業のマーケティング活動は単に新製品に目を向けさせ，購買意欲をそそるための手練手管以外の何ものでもないでしょう。もっと悪く言えば，マーケティングとは消費者にとってそれほど必要とはしないものを「必要だ！」と認識させるための"騙しのテクニック"であるということになります。そこには社会的非難すら生じることになるかもしれませんし，それ以上に，次から次へと新製品として市場に提案し続けるという行為は企業全体での疲弊感に繋がることになりかねません。何よりも買い手の側にとっては，そうした微細な差異を強調する"新製品"情報には「またか！」と馴れっこになり，まさに往々にして"笛吹けど踊らず"の状況を招くことになってしまうでしょう。結局，過剰在庫を防ぐために製造流通過程での流れの効率化を促す迅速な情報システムを構築しても，また消費者への新製品の評価軸の移動を促すマーケティング活動を積極的に行っても，売上高や利益の増大を究極の使命とした企業経営の行き着く先には，このような状況が待っているということなのです。

§6. 個別企業における内部収益の確保とPB開発に関する問題点

　自社の売上高あるいは販売数量が伸び悩み，停滞するということは，同

種商品に対するマクロ（国家）レベルでの需要が飽和期に達していない状態でも起こり得ます。それは自社の現状における市場シェアの範囲内で需要飽和に達しているからだ，と捉えるのであれば，ミクロレベルとしての個別企業の場合も，マクロレベルと同様に考えることができます。この状況の打開のためには，通常は前節で述べたように，当該製品の新機軸を打ち出すような新製品の開発とその消費価値の認識を促すためのマーケティング活動に委ねて，他社の市場シェアを切り崩すことで販売数量の拡大を図ることになります。

　しかしそれでも売上高なり販売数量なりが拡大しないのであれば，すなわち市場という外部収益源が見込めないのであれば，あとは原材料費や人件費，燃料費，輸送費などといった変動費用一般を削減すること，すなわち内部収益源の拡大策でしか対応できなくなることは必定でしょう。具体的には，従来の原料調達先の見直しなどによって少しでも安い仕入先を探して原材料費を削減したり，正規労働者を減らして非正規労働者の採用を増やしたりといった対策を講じるしかなくなるのです。当然こうした内部収益源拡大戦略は，品質の劣化や人的サービスの質の低下などを招きやすくになりますが，積極的なイメージ広告戦略や低価格戦略によってそうした欠点を補おうと考えるのは自然なことでしょう。だが一般にこうした戦略は，時間の経過とともに結局は消費価値の低下やブランド・イメージの劣化を招くことになったり，あるいは市場活動における組織的な虚偽体質の醸成に繋がったりしてしまうこともよくあります。近年でも，記憶に新しいところでは，多くのホテルでメニュー表記の際に使用原材料の偽装を行っていた事件などにその典型を見ることができます。

　また，大規模量販店チェーンやその傘下のコンビニエンスストア・チェーン（CVS）などの大規模小売業者においては，内部収益源と外部収益源の一挙両得を狙ったプライベート・ブランド（PB）戦略も積極的に展開されています。これは「ノーブランド」あるいは「無印商品」として「高品質商品を廉価で提供する」という消費者側にとっての購買価値を

高めるところにその本来的な意義がありましたが，今日では大規模小売業者側にとっては低価格でも十分な利益を確保できるだけの納入価格を要求することで，そのメリットが享受でき，また製造業者側にとっては，利幅は小さくても大量販売と工場稼働率を高めることができることから，双方にとって有効な戦略として認識されています。通常，大規模小売店側から提案がなされ，その小売業者としての信用力を前提に，小売店ブランドとして低価格で販売するというのが一般的です。

　しかし製造業者側からすれば，利幅の大きい自社ブランド製品と同じ売り場にその PB 商品が陳列されれば，価格の安い PB 商品に需要がシフトするのは必定で，必然的に収益率の悪化を招きやすく，危険視せざるを得ないのですが，特に中小規模の製造業者にとっては，従来から自社製品を大量に取引してもらっている大規模小売業者からの PB 提案は，受けざるを得ないのが実情です。しかも利幅の少ない分を量販店やその系列のコンビニチェーンの膨大な販売量によって補うことができると説明されれば，ますます断り切れないものがあります。またそうして応じた PB 製品も販売数量の伸びが鈍くなれば，その契約が解除されることもあります。しかも，もし PB 増産のために設備投資などをしていれば大変なことになります。あげくに販売数量の伸びを回復するためのさらなる低価格化のために，小売側から納入価格の一層の切り下げを要求される場合もあります。あるいは販売数量が順調であっても，他の同業製造業者との間の納入価格競争を小売業者側から強いられる場合も少なくありません。このように，大規模小売業者の PB 戦略とは製造業者側の犠牲によって成り立つところが大であるといっても過言ではないかもしれません。

　ところが最近では，一般にナショナル・ブランド（NB）と称されて自社ブランド力で十分に市場を確保できていた大規模製造業者も売上高や販売数量の停滞が長引いてくると，その打開策として大規模小売業者と結びついたコラボレーション戦略と銘打って共同開発型 PB 商品を積極的に市場導入するようになりました。しかしこれとても，結局は本来の自社ブラ

ンド製品との共食い状態を招かざるを得ず，また競合する大規模製造業者間や大規模小売業者間のそれぞれで，それら PB を互いに次々と新製品として市場に登場させればさせるほど，消費者側にとってはいくら低価格でも PB そのものへの新鮮味が薄れざるを得なくなります。まして売り場が低価格 PB だけで埋め尽くされてしまえば，逆に少々の高価格でも品質を重視する NB 製品への欲求が高まってきても不思議ではありません。

　だからといって，製造業者側が付加価値の得にくい PB とは別に，自社 NB による高付加価値高品質の新製品開発を行い，プロモーション費用を掛ければかけるほど PB との関係が悪化することになります。なにしろ，小売店頭では自社 NB と PB が同じ売り場に並んでいるのですから。こうして徐々に PB 本来の戦略的効果が薄れてきているのも事実です。これらの状況はビール業界を筆頭に食品業界全般に見られ，わたしたちが大規模量販店に行けば簡単に確認することができます。結局，それでも売上高拡大のためには，PB に頼らざるを得ず，その産出規模を拡大させ続けることでしか収益が確保できないというのであれば，やはり遠からず行き詰まりの状態を迎えることになるでしょう。PB 戦略にも意外と四面楚歌的状況が待ち受けているのです。

§7. 吸収合併型拡大戦略の問題点と規模の論理の限界性

　しかしなおそれでも，拡大成長志向を止めるわけにはいかないというのであれば，あとはどのような方法があるのでしょうか。あるとすれば，とにかく借金して設備投資を増やしてでも，あるいは生産コストの安い海外に生産拠点を移してでも，規模の経済性を徹底的に追求することで大量仕入れ大量生産を行い，コストを削減し，どこよりも低価格を実現して同業

他社を蹴落としながら市場の独占化を目指すことです。しかしそれとても，すでに縷々述べてきたように，行き着く先として需要飽和の状態を招くことは必定です。何よりも，買い手である消費者にとっては，価格の安さは購買意思決定における一要素でしかないのですから。価格が安いだけで無限に購買することはあり得ないのは周知の事実でありましょう。

　そこでもう1つあるとすれば，同業他社はもとより，異業種であっても将来有望と思われる企業を物色しながら，他企業の吸収合併（M&A：merger and acquisition）を目論むことぐらいでしょうか。たとえば，通常 TOB（takeover bid）と呼ばれていますが，株式の市場価格が資産価格を下回っているような会社を探し出して，その会社の株主に対して市場価格よりも高い買い付け価格を提示して，すなわち買収を目的とした株式公開買い付けを行ってその企業の株式の過半数を獲得してしまうのです。そうして株主議決権を取得することで実質的に乗っ取ってしまい，自社のグループ傘下に取り込んでしまうのです。こうして自らの企業規模を拡大するだけではなく，さらには乗っ取った会社の資産そのものが買収額以上に高く売れると判断すれば，それを売り払うことで，その差額がまるまる利益として懐に収まることになります。

　さらに今日では買収資金がなくても，買収先企業の資産そのものを担保にして銀行などから買収資金を借りて乗っ取ってしまうという，いわゆるLBO（leveraged buyout）を仕掛けることによって，企業としての規模を大きくするという手法も行われるようになりました。消費需要が伸び悩む今日のわが国においても，こうした TOB や LBO の手法がそれ専門の投資ファンド企業を中心に，国内資本だけでなく海外資本まで入り込んできて，盛んになされるようになってきました。しかも比較的業績の良い会社が狙われやすく，これでは，特に買収される側の企業の従業員にとってはたまったものではないでしょう。

　それよりも何よりも重大な問題は，このように TOB や LOB を仕掛ける企業にとって，買収先企業の扱っている製品やサービスに関する事業内

容にはまったく関心が薄く，もちろんその製品を購入した顧客への責任感などまるでなく，単にその買収先企業の資産価値や売却価値だけが関心事なのだ，ということです。中には最初から買収直後の即座の売却益を狙って買収を仕掛けたりするような投資ファンド企業さえあるのです。それらはいわゆる"禿鷹（はげたか）ファンド"と一般に呼ばれています。

　ある意味こうした状況にこそ，今日のビジネス社会における"本質的な危機"が内在しているのかもしれません。すなわち買収された企業の生産現場の従業員には徹底した低賃金労働が課せられることになるでしょうし，そうして働かされる従業員には当然ながら自らが生産・製造した製品に対する愛着心も生じなければ，まして労働意欲の向上など求めるべくもないでしょう。それはこの企業に投資をする投資家にとっても，その資金に基づいて経営を行う経営者にとっても，そしてそこに関連する多くの下請け会社の人々にとってすら，まったく同じことかもしれません。

　したがって，こうした企業の事業行為から産出された製品そのものに対して，誰一人として関心も責任も持たないという事態が生じても不思議ではないでしょう。そこに係わるすべての人々にとってそこは単なる"金を稼ぐ場"以外の何ものでもなく，まさに金に支配された人々が金のために係わっている「場」でしかなくなるのです。こうした"悲惨"な現場から多くの不祥事が生じた事実，たとえば世界的なファーストフードチェーン企業の下請け食品製造工場などで起きた不衛生極まりない事件などは，わたしたちの記憶に新しいところではないでしょうか。

　もはやこうした企業とは，自らの投資額をどの企業がどれだけ増やせるかにしか関心を持たない株主たちにとっての**玉手箱**的道具としての存在意義しか持たず，人が集い労働することの価値を社会に向けて発信する社会的意義を有した事業組織ではないのです。これは今日の株主資本主義がもたらす"病理的な現象"と言っても過言ではないでしょう。ここにこそ現代ビジネス社会の本質的な危機があるのではないでしょうか。

　このように，現代の資本主義経済下における基本的な経済原理である

「規模の経済性」の追求の下では，永久に売上高や販売数量，市場シェア，利益などの増大に向けて生産規模や販売規模を拡大して行かなければならないのです。しかし，この規模の経済性を求めての画一的標準化大量生産および大量販売は，すでに何度も述べてきたように，その市場領域内の需要の飽和に近づくほど，あるいはそうして"豊かな社会"になればなるほど，新製品への人々の期待感や満足感の大きさも縮小しはじめ，いわゆる経済学的な用語で言えばまさに限界効用逓減（diminishing marginal utility）の法則が効いてくることになり，結局は売上高や販売数量も停滞せざるを得なくなるのです。

　そこでその打開策の1つとして示されたのが前述の"過剰在庫を発生させない"ための需要に応じた供給システムの構築という方法であり，もう1つが"新しい評価軸の提案"によって消費者の欲望を増大させるというマーケティング活動だったのです。しかしそうした方策すらも，そこでの需要が飽和期に達して行き詰まりが生じてくると，しかもコスト圧縮策も限界に達した企業は，この段階で潰れてしまう場合もあります。そこで，この危機を乗り越えようと，より単純に同業他社を吸収合併することで企業規模を拡大したり，買収企業の売却益を目当てにしたりするようなM&Aなどの方策に行き着くことになる，ということが述べられました。しかしいずれにせよ，どのような方策を取ったところで，しかもいくら規模の経済性による組織内部的な費用効率化に基づく内部収益を追及したところで，それらが結局は，企業の提供財の買い手に対する消費価値の向上と無関係である限りにおいて，企業の存続のために必要不可欠である製品価値の創造による市場からの外部収益の獲得向上には何ら寄与することができないのです。ここにこそ，企業の拡大成長を目指すためのこれらの考え方の基本的な限界があるのです。図表3-1はこのような規模拡大主義における破綻への道筋を描いたものです。財閥系企業のように，グループ企業間での株式の持ち合いでも行われていれば別ですが，一般の企業では規模の拡大により栄耀栄華を誇っても，多くの場合，30年から40年ほどで

その破綻を迎えても不思議ではないのです。

図表 3-1　規模拡大主義における経営破綻への道筋

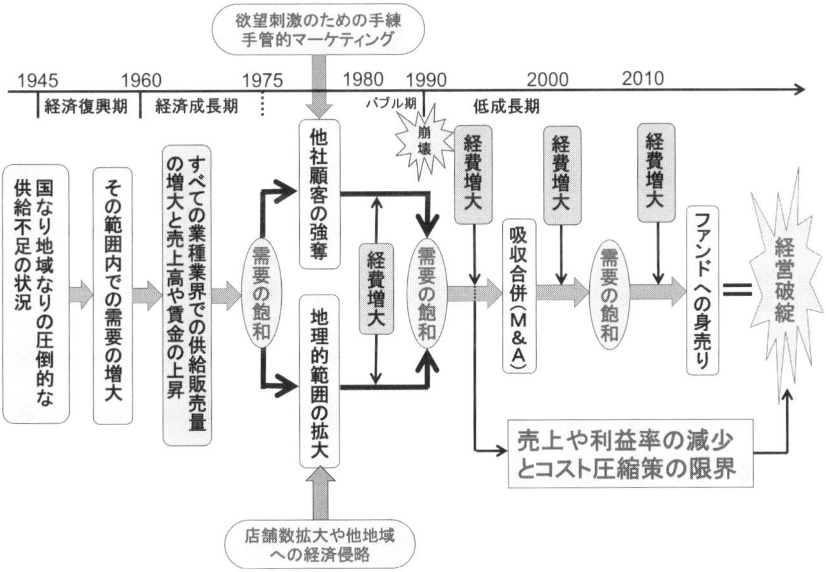

第4章
産出量の拡大と費用の関係に見る拡大主義の限界性

　この章では前章で述べた規模の経済性や個々の企業レベルにおける産出量と費用との関係について、経済学における初歩的な考え方も取り入れながら、拡大主義の理論的な限界性を明らかにしたいと思います。

§1. 規模の経済性の基本原理とその問題点

　現代企業経営の基本的生産概念としての規模の経済性という生産メカニズムとは、多種類で大量の原材料を投入して製造した1個の標準化された完成品を大量に生産すればするほど、その製品1単位当たりの費用が低下していくところに利益が生じる、という生産原理です。この理屈はたとえば原材料仕入れにおける買い付け額の場合を考えてみても、その仕入量が多ければ多いほど安く購入できて利幅が増えることからも簡単に理解できます。もちろんその分だけ製品の販売価格を下げることができますので、市場での価格競争上の優位性に繋がることは言うまでもないでしょう。このことは次節で取り上げる経験曲線効果としてもよく知られています。また標準化の問題についても、大量生産自体がオートメーション装備による工場生産を前提としていますので、たとえば瓶詰製品を生産途中で停止し、量目調整を行って大中小の3種類を造り出すよりは、1種類だけを

造った方が効率的で利益率も高くなるという理屈なのです。

　このように，できるだけ同じものを大量に造った方が利益も大きくなるというのであれば，当然それはその造った分を大量に販売できなければ意味がありません。ということはその販売可能量，すなわちその製品の需要量がどれだけであるかということに関する正確な予測情報こそが，適切な生産供給量を設定して過剰在庫を避けるための決め手となります。ようするに，売れる個数を前提に生産計画を立てた上で工場を動かすことが必要不可欠となります。まさにこの規模の経済性に基づく生産システムでは市場の需要予測の精度こそがカギを握ることになるのです。

　しかし，現実的には競争業者の出方や消費環境の変化など予測不可能な要素が多く，どれだけ複雑な統計モデルや消費予測に関する精緻な数式モデルを用いたところで，正確な予測は非常に困難であるというのが実情です。それは多くの企業の方々も十分に承知のことであると思います。だからこそ，この欠点を補うための方策として考え出されたのが，最終段階での販売情報を前提にしながら，迅速に生産ラインの調整を行うという前章で取り上げたトヨタのかんばん方式やサプライ・チェーン・マネジメントであったのです。さらには資本の力だけで企業規模の増大を図るという吸収合併戦略だったのです。

　一方で，多種類を生産した方が利益が出るという経済理論も最近ではよく知られるようになりました。「範囲の経済性（economics of scope）」という考え方です。これは少ない種類の原材料を共通に利用して多種類の製品を造り，原材料における利用効率を高めることによって利益を出そうとするものです。これは中華料理店などを事例に考えてみれば理解しやすいと思います。一般に中華料理店では麺類でもご飯類でも炒め物でも，そこには共通する素材が使われており，そうして毎日通っても顧客を飽きさせないだけの多数のメニューが揃えられています。したがって，ここでは生産される製品の種類を増やした方が利益が出るということになります。

　他方の規模の経済性が，産出（完成品）レベルでの標準化を前提として

いるのに対して，この範囲の経済性とは投入（原材料）レベルでの標準化を前提としている，と言ってよいでしょう。しかし残念ながらこの考え方は，飲食店のような生業的ビジネスには当てはまるのですが，売上高や事業規模の拡大成長志向を絶対的使命とするような大規模な産業設備を有する企業では，多品種生産を必要とした場合でも別個に資源投入費用をかけたり，その生産が可能な中小企業を系列化したり，吸収合併化を図ったりといった外部資源活用の方が効果的だとする考え方が一般的なのです。

たとえばそれは，近年のJRの鉄道事業における駅ナカ開発などに典型的に見ることができます。駅という経営資源に対して，列車への乗降場所としての単一機能だけでなく，駅構内に様々な物販施設やサービス施設をテナントとして誘致し，買い物場所としての機能を高めることで駅自体への集客力を強化しようとするものです。これは運賃収入という単一メニューだけでなく駅という同一資源から多彩なメニューを創出するという点からみると，範囲の経済性原理の応用かとも見えますが，その利益創出形態自体はテナントからの不動産収入によるものなので，これは従来から私鉄各社が行ってきた方法です。私鉄企業においては宅地開発や百貨店経営など多彩な事業分野を展開しており，これは範囲の経済性原理に基づく方法というよりは「多角化経営」といった方が適切であり，その本質的原理そのものは，総合的な収益額の増大化を目的とした「規模の経済性」に基づいていると言ってよいでしょう。

結局は，この規模の経済性の論理から離れることができないのです。それは先に例に挙げた飲食店業ですら，一店舗のみの独立経営店であれば範囲の経済性が成立しやすいのですが，何百という膨大な店舗数を有するファミリー・レストラン・チェーンや居酒屋チェーンの企業を考えてみれば，それは高度な調理技術の不要な同一メニューで大量の食材の供給・流通体制を前提とした工場設備下での中央集中管理（セントラル・キッチン）システムによる規模の経済性原理に基づいた利益創出に走らざるを得ないのです。だからこその「外食産業」なのです。

いずれにせよ，こうした状況下においては，結局は同一生産ライン上ではいつかは需要飽和や競争企業とのシェア争いの中で，必然的に生産効率が低下してしまうことになります。まして，規模の経済性の拠りどころであるはずの市場での低価格競争に巻き込まれた中では，なおさら利益率までが低下するばかりとなります。だからといって，新規ラインを導入すれば莫大な投資を伴うことになり，いずれにせよ利益率は必ず減少することになるのです。すると最後は上述したように，マーケティングによる否が応でもの需要の拡大戦略に頼るほかなくなるのです。また飲食業では，一歩間違うと低品質の原材料を使ったメニュー偽装が生じる危険性すら生じるかもしれません。

　あるいはこのような状態の中で市場に登場してくる"新製品"にしても，結果的には顧客の消費価値増大のための新製品開発ではなく，自らの売り上げ増大を狙っただけの新製品以外の何ものでもなくなるのです。それでは本末転倒であり，それを買わされるように仕向けられる消費者こそが，そう仕向けるための手練手管としてのマーケティング行為そのものの犠牲者となってしまうのです。これでは消費者志向，顧客志向というマーケティング行為の本質的な社会的価値としての企業における意義や意味を逸脱することになってしまいます。すなわち，それは本質的に顧客の問題解決のための活動ではないからです。それは売り手の都合による売り手のためのマーケティング行為でしかなく，決して買い手の都合に合わせた買い手のためのマーケティング行為ではないのですから。

§2. 経験曲線効果とコスト・リーダーシップ戦略

　図表4-1は「経験曲線（experience curve）」と呼ばれており，ボストン・コンサルティング・グループによる調査結果から確かめられたもので

図表 4-1　累積生産量と価格の関係（経験曲線の論理）

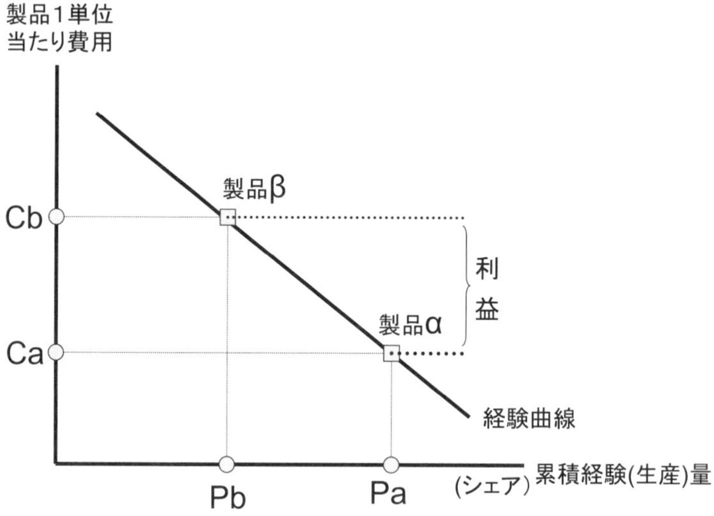

す。一般的に考えても，人間は特定の作業に関する経験が増すほどその作業効率化などへのアィディアも豊富になり，徐々に必要な経費を低下できるようになりますが，この調査によってそれが業界を問わず裏づけられたのです。そこでは様々な業界について 3,000 社近くの企業を調査したところ，あらゆる業界においてシェア 1 位の企業の方が，その 1/2 のシェアの企業に比べて製品 1 単位当たりのコストが 2 割から 3 割ほど低くなっていたのです。当然，その生産量は 1 位企業の方がたくさん売れている分だけ 2 位企業よりも多いわけですから，その生産に関する累積的な経験度合いもより豊富であろうと思われます。たとえば，500 台生産する企業よりは 1,000 台生産している企業の方が様々な問題への直面やその解決への模索的経験も豊富となり，その分コスト削減などへの知識も多く，結果的に製品 1 単位当たりの費用が少なく済んでいるのではないかと考えられるのです。

ここでは曲線ではなく，分かりやすいように直線で示してあり，また 1 位企業と 2 位企業の差も強調して描かれていますが，ここから生産規模の

最も大きな企業は他社よりも安い価格を付けることができ，いわゆるコスト・リーダーシップ企業となれることが読み取れます。たとえば，製品 β を製造している企業の倍の生産量 Pa をもつ企業の製品 α が Cb と等しい価格を付けると，製品 β は 1 銭の利益も出ませんが，製品 α の方は 2，3 割安く製造できている分だけ利益が出ることが分かります。したがって，製品 α の価格を Cb より低く設定しても十分利益を確保できることになります。この理屈に従ってたいていの企業ではできるだけ生産量を拡大して，低価格によってそのシェアを拡大しようという単純な戦略に陥りがちなのです。たとえば牛丼チェーンのように同業者が皆そうした思惑から生産拡大や店舗数拡大によって利益確保ギリギリまでの低価格競争を繰り広げたところで，すべての企業が体力を消耗してしまうだけの結果となることは周知の事実です。このことは家電量販店やドラッグストア・チェーンについても同様に言えるのではないでしょうか。ただし，家電量販店の方が耐久性のある購買頻度の少ない製品を扱っている分だけ，その店舗数の拡大が限界に達するのが早く，合併や吸収という形での破綻の危険性が高いと言えるでしょう。

また低価格によってシェアトップを確保している企業の低価格戦略に，2 番手以下の企業が追随することも大きな危険性を伴うのです。たとえばハンバーガーチェーン業界などに典型的に見られますが，シェアの低い企業が利益を無視して追随していくことは自らの首を絞めることになってしまうのです。そうした企業の場合は，低価格戦略に単純に追随するのではなく，逆にトップ企業よりも高価格であっても，その分高品質で満足度の高い製品を提供するという高付加価値戦略によるトップ企業との差別化を図った方が，その販売個数が少なくても十分に利益を確保でき，賢明な対応であると言えます。ここでも規模の利益を求めるよりは，質の利益を求める方が利口だと言えるのではないでしょうか。

§3. 産出規模の拡大と費用の関係

図表4-2は，このような固定費用曲線と変動費用曲線Ⅰの下にある企業が，総収入曲線Ⅰもしくは総収入曲線Ⅱのいずれかの戦略を採用した場合の利潤状況の違いを表したものです（ここでは直線の場合も曲線と表現しています）。総収入曲線ⅠおよびⅡにおける原点とのそれぞれの角度 α と β の大きさは，たとえば小売業であれば店舗内の全商品の価格の平均値の大きさを表しています。したがって，総収入曲線Ⅰは高級化戦略を採った場合の，そして総収入曲線Ⅱは安売り店戦略を取った場合のそれぞれの産出量と費用との関係を表しているのです。この固定費用と変動費用Ⅰの下で高級化戦略の方を採用すると，変動費用との接点Bまでの産出量では費用分の売上にしかなりませんが，それを超える産出量を達成した時点か

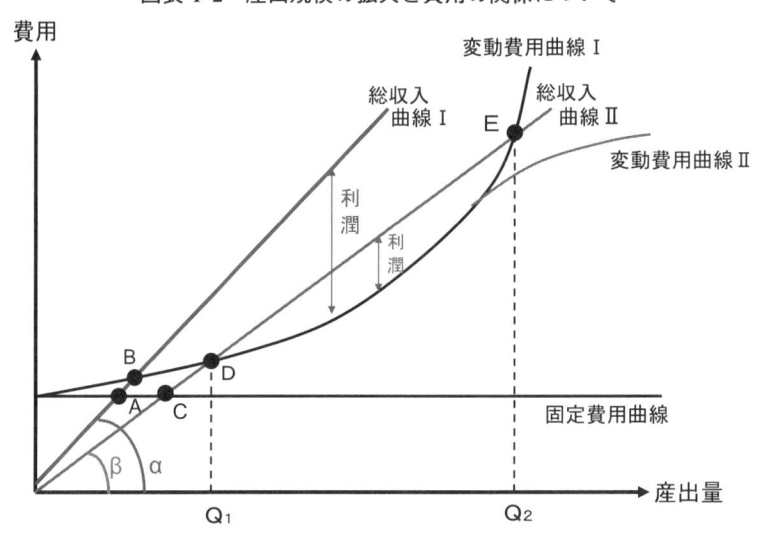

図表4-2 産出規模の拡大と費用の関係について

ら，すなわち総収入曲線Ⅰと変動費用曲線との差がそのまま利益額となることを示しています。一方，総収入曲線Ⅱの安売り店戦略を採用した場合は，D点を超える産出量 Q_1 以上が達成されないと利益が出ないことになります。

一般的に，変動費用は産出量とともに徐々に増えていきますので，安売りをした場合の方が総収入曲線との交点，ここではE点が早々に訪れ，したがって Q_2 以上に生産しても変動費用が収益を超えることになり，利益は出ず，損失だけが増えていくことになります。したがって，この図からは製品の付加価値を高める高級化戦略を採用した方が，産出量をそれほど増やさなくても十分な利益を獲得できることが分かります。一方，どうしても安売り戦略を採用する必要があるのであれば，まずはその売上高を増やすために店舗面積を拡大して品揃えの魅力を高めることで客数を増やすか，あるいは安売りチェーン店のように店舗数そのものを増やしていかなければなりません。もちろんそのいずれもが同時に変動費を下げる努力をしなければ早々に破綻が来ることになりますので，必然的にこの破綻を回避するためには原材料費や人件費などを下げ続けなければなりません。しかし結果的に製品の品質劣化だけでなく，従業員数の削減はもとより，その教育費さえもが削減されることになりがちで，そうなると人的サービスの品質劣化まで招くことになります。

もしこの問題を解決し，さらなる産出量を増やしていこうとするのであれば，変動費用曲線Ⅱに示されているように，産出量が増えても，変動費が増えないような仕組みを考えなければなりません。たとえば警備会社では，顧客先が増えた分に応じて警備員を採用したのでは人件費も増大するばかりですので，機械警備システムを導入することで，相対的に人件費の伸び率を抑えるような仕組みが構築されています。しかしチェーンレストランのように，労働集約的なビジネスでは，人件費をゼロにすることは不可能です（調理から接客まですべてを自動化，ロボット化して人間を必要としないのであれば別ですが）。すると結果的に，価格の安さを売るより

は，料理やサービスの高品質化による付加価値の高い戦略を採用した方が得だということになります。そうでなければ，人件費の徹底的な削減のために1人の従業員で調理からフロアサービス，会計業務まですべてを任せるような，いわゆるブラック企業的な方法を採用せざるを得なくなるのです。

§4. 限界費用曲線と平均費用曲線

経済学の基本的教科書によく説明されているようなこの図表 4-3 は，産出された製品1単位当たりの総費用の変化を表す限界費用（marginal cost）と総費用を産出量で割った平均費用（average costs）との関係を表しています。この図によれば，産出量が増えるとともにはじめは平均費用が低下

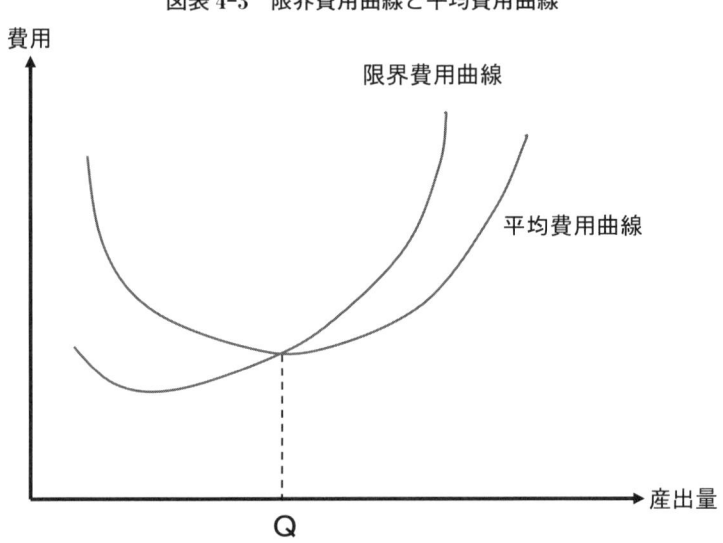

図表 4-3　限界費用曲線と平均費用曲線

していきますが，限界費用との交点 Q を超えて産出量を増やした時点から，徐々にその費用が増加していくことになります。このように，一般的に産出量を増やせば増やすほど，変動費用も増えていくことから，Q 点を超えると，結果的に費用の割合の方が増大することになり，収益が徐々に圧迫されていくことが分かります。

　産出量が増えれば増えるほど，平均費用が急速に低下していくといういわゆる平均費用逓減型の企業は，石油コンビナートや大規模な鉄高炉を有するような会社，あるいは大型ドックを有する造船会社などのように初期固定費用が莫大にかかるような装置産業とか，あるいは膨大な初期投資を必要とする電気，ガス，電話といったインフラ産業企業などに典型的に見られます。しかし通常の民間企業では上記のように一定の水準を超えると急速に平均費用が増大していく場合が普通なのです。

　したがって，規模に関してこれらの費用を低下させ続けるためには，一般に次のような方法の採用が不可欠となります。たとえば人的労働力に替わるより大規模な機械や電子機器システムを導入して，技術習得に時間や費用のかかる高度な労働技術を必要としない単純労働生産システムを完備することによって低賃金労働を実現するという方法です。また原材料の仕入れ先企業に対して競争入札制度を促すなどの圧力を加えて納入コストを削減する方法，あるいは国外でより安い労働力の得られる場所があれば，そこに製造現場を移してしまう方法などです。このように産出規模が増大しても収益額が逓増し続けるような様々な努力が必要となりますが，こうしたことが可能となる企業も結局はかなりの資本規模を有する大企業に限られがちで，資本力のない中小企業ではなかなかそうした対応が採りにくいものがあります。

§5. 完全競争と不完全競争

　完全競争の状態というのは，小規模で多数の売り手が存在し，それらが完全な市場情報を持っていると仮定される市場状況下で生じます。この"完全な"というのは，市場の顧客がいかなる品質や価格，広告，場所で販売すれば間違いなく買ってくれるのかについて完全に理解し知っているということで，その市場に参加しているすべての企業がその情報を持っているというのです。当然ながらしたがってすべての企業の製品は同じもので同じ価格となるわけです。しかも企業側だけでなく顧客の側もその商品を提供しているすべての企業についての完全な情報を持っており，それらが自分にとって購買すべき最適の商品であることを理解している状態をいうのです。これも当然ながら，どの企業の商品を買っても同じことになり，こうした状況下では逆に"競争"という概念が成立しなくなります。ようするに，製品はすべて同質であり，したがっていかなる売り手も買い手も市場需要や市場供給，あるいは価格などに管理されないという，あくまでも経済学上における仮定的な理論概念で，非現実的な状態なのです。

　一方で，不完全競争の状態というのは，何らかの製品や消費に係わる市場において，その売り手も買い手も製品取引に関する最適な品質や価格，サービスなどがいかなるものであるのかについての完全な知識，情報を持つことのない状況下で生じます。したがって，買い手に対する各企業における情報の収集分析能力とそれに基づく製品の生産供給能力という売り手側の2つの能力の状態がバラバラなのです。当然ながらそこには完全ではないものの，より優れた市場情報を持つ企業とそうでない企業との間に"売り手間格差"を発生させることになります。

　このことは買い手側においても同様で，売り手の提供しようとしている製品やサービスに関する認識能力が，個人間や組織間でバラバラなので，

製品選択やその購買に際して偏りが生じてしまいます。より一般的な言葉で言えば，買い手側で個々それぞれに好き嫌いが生じてしまい，それが"買い手間格差"を発生させてしまうのです。だからわたしたち消費者はその食べるものも着ている洋服も運転する自動車もあらゆる消費財の選択が個々人バラバラといった状況が生じるのです。

　ところで，このような理由から不完全競争下では売り手側と買い手側が，それぞれ常に自分にとって何が最適であるのかについての情報を求める必要が出てきます。そこで売り手は買い手の求めるところを調査分析し，それに基づいて買い手側が自社製品を好んでくれるような情報提供策，すなわち広告や営業展開を積極的に行うことになるのです。もちろん買い手側においても，何が自分にとって適切な製品であるのかについての情報を盛んに調べたり他者の意見を聞いたりすることになるでしょう。実は企業が行うマーケティング行為としてのプロモーション活動とは，買い手に向けて自社製品の魅力的な情報を提供するという機能だけでなく，買い手側からみればそれは適切な財の探索にとって必要な情報源となっているのです。いずれにせよ，完全競争状態に比べれば，この不完全競争状態の方が現実的なのです。まさにわたしたちの知識が不完全であるからこそ，自ら積極的に他者との関係を強めようとしたり，あるいは多くの情報に接したり，様々な知識を学んだり，といった努力が重要となるのかもしれません。

　さて，不完全競争状態が現実的であるとすれば，当然，企業は様々な欲求をもつ人々に対して，多様な製品を供給しようとするはずです。しかし，実際には企業側にとっては，たとえばわずかなデザインや色を変えるだけでも，それは企業規模が大きくなればなるほど，固定費用はもちろんのこと，多額な費用がかかることになります。それよりも，従来の製品のままで，さらにより大量に生産することによって，一層の価格低下による需要の増大を目論むことの方を選択したくなるのが一般的でありましょう。なぜなら，その方が従来の設備の稼働率を上げるだけでよいからで

す。すなわち，企業としては多様化して得られる限界収入よりも限界費用の方が高くなると判断することの方が一般的なのです。結局，不完全競争の状態であっても，規模の経済性に従う方が優位な考え方となるのです。

第5章
不拡大永続主義の論理とその方法

　ここまで見てきたように，第2次世界大戦後の何もないそれこそ造れば売れた時代とは異なり，今日のように"豊かな時代"においては，すべての企業が儲かるような環境にはないのです。国策的な産業基盤的需要の一翼を担うような鉄鋼や石油や造船などを扱う製造業者やそこに係わる商社などの大企業であれば別ですが，第3章と第4章で検討したように通常の企業の場合であれば，他社のシェアを奪おうが，技術革新に拠ろうが，マーケティング的な手練手管を弄してさらなる需要を鼓舞しようが，吸収合併策に拠ろうが，とにかくビジネスを拡大すること，特に顧客からの強い要請があるわけでもなく，より儲けたいという欲望に引きずられて株主や経営者側の都合だけで企業規模を拡大することの結果について，そして売上高の増大だけを企業目的とした日々の事業に従事することの虚しさについて，十分にご理解いただけたのではないかを思います。いずれにしても個別企業のレベルで，儲け第一主義で生産・販売の永久なる拡大成長を目指すというのは，理論的にも不可能であり，最終的には破綻を迎えざるを得ないのです。

　ここに至り，こうした虚しさを感ずることのない経営や日々の仕事の場としての企業の存在価値に関する評価尺度というものについて，"企業は大きくなることよりも，小さくても永く生き延びた方が勝ちなのだ"という考え方の重要性が浮かび上がってくるのではないかと思います。ようするに「企業規模や売上高の拡大・成長こそが最優先すべき組織課題であ

る」という考え方から，ひとたび，「事業の永続性こそが企業の最も優先すべき課題である」という考え方に切り替えただけで，企業というものの経営戦略や日々のマーケティング活動に関する意思決定の拠りどころが大きく変化し，延いては企業自体の社会的存在価値が大きく変化するのだ，ということをこの章では述べたいと思います。

　すなわち，このことは企業が大きな売上高や利益を求めなくても，グローバルに肥大化しなくても，中小規模のままで停滞し続けたとしても，とにかく事業を永く続けた方が勝ちなのだ，という価値観を持つということに他なりません。こうした認識に立っただけで，顧客からも取引先からも愛され，支持され，しかも従業員すら自らの子供をこの会社に就職させたいと思うような，働きがい，生きがいを感じるような企業に必然的になってしまうのです。まさにこのことを以下において論証していきたいと思います。そしてそこから企業としての一つの理想形を描き出してみたいと思います。

§1. 長寿企業の不思議を考える

　なぜ，企業組織として100年も200年もこの社会に存在し続けることができるのでしょうか。取りも直さず，それはそうした企業が世の中に提供し続けて来た有形無形の提供財自体が100年も200年も売れ続けて来たということに他なりません。日本という国の歴史的変遷を少し考えてみただけでも，その不可思議さが理解できるのではないでしょうか。たとえば，江戸時代から明治時代に変わっただけでも，人々にとっては天地が逆転したほどの価値観の変化があったのではないでしょうか。それまでの士農工商の身分はなくなり，欧米の文化や技術が次々と取り入れられ，髪型から服装，食べ物，建物や街並み，そして鉄道などの移動手段や電話，電信，

郵便といった連絡通信手段に至るまで，目にするもののほとんどが変わってしまったのです。さらには日本国民としての義務教育制度が整えられたり，議会政治のための選挙制度が採り入れられたり等々，あらゆる社会的政治的法律的経済的な制度も急速に変化したのです。さらには大正時代に入ると，ラジオも登場し，東京からの情報発信が瞬時に日本国中に伝わるようになったのです。わずか50年ほどの間にさえ，もう江戸時代の人々が目にしてきた世界とは社会のあり様そのものが大きく変化してしまったのです。

　そうした欧米に追い付き追い越せと国家そのものも帝国主義的拡大を進めた結果が，広島長崎への原爆の投下とともに終了します。すると，今度はありとあらゆる文化や制度がアメリカ一辺倒の世界に変わりました。そして1960年代からは未曾有の経済成長の時代となり，日本中のあらゆる産業が活性化し，外国企業と互角に戦えるまでになりました。そうして80年代には"ジャパン・アズ・ナンバーワン"と煽てられて最後はバブルが崩壊し，90年代から今日に至るまでの長い低成長時代を迎えたのでした。

　この幕末から現代までの約150年の間にさえ，わたしたちの日常生活に係わるだけでもあらゆる価値観が変化しました。親子関係や家族関係，恋人同士の関係，友達同士の関係，上司と部下の関係，近所との関係等々について，あるいは職業，教育，政治，経済などのあり様に関する意識や価値観等々について，ありとあらゆるものが変わりました。あるいは国家間の関係や戦争に対する考え方だって50年前，100年前とは大きく変わっているのです。

　ところがこうした社会というものの長い歴史的な変遷の中で，様々な価値観の変化の中で，現われては消え，潰しては潰された企業が星の数のほどあるにもかかわらず，延々とビジネスを続けて来た企業や商品が存在しているという事実はどのように考えればよいのでしょうか。人々の価値観や社会のあり様がこんなにも変化し続けているのに，なぜ買い手から，消

費者から，社会から支持され続けることができるのでしょうか。わが国にはこうした1世紀を越えて今日もビジネスを続けているいわゆる「老舗」と呼ばれるような消費財企業および産業財企業が約2万社弱もあるといい，創業200年を超える企業で1千社弱，300年を超える企業ですら約400社強もあるとのことです（帝国データバンク編『百年続く企業の条件』朝日新書，2009年）。いずれにせよ，これらの企業はそれこそ時代を超えて縦横無尽に変化してきた歴史的諸環境の中で，需要市場を形成している最終ユーザー側の消費価値に関する期待を一貫して裏切らなかった事実が存在すればこその結果であることだけは間違いないでしょう。

　そこには企業として世の中に産出する提供財自体の技術の高さやその創り出したものに対する責任感の強さ，そしていつの世でも変わらない普遍的な人々の欲求欲望，たとえば「愛する人を喜ばせたい」とか「美味しいものを食べたい」とか「少しでも快適な生活をしたい」等々といった期待に応えるために，常に儲けは二の次にしてでも，そのために必要な技術的革新や組織的革新を心がけ，そこにこそ積極的な投資を怠らなかったという特徴をそれら老舗企業に共通して見出すことができるのです。そうしたいつの時代にあっても消費価値の高い財を供給し続けながら，その事業行為に対する真摯で誠実で正直な企業組織としての顧客対応努力を続けて来たところにこそ，その長寿を支える秘密があるのです。こうした企業としての事業行為をなぜ100年以上もの長きに亘って継続することができたのかを解く鍵の一端が，ほとんどの老舗企業で大切に守られてきた行為規範としての「家訓」に見出すことができるのです。

§2. 家訓に見る企業組織としての行為規範

　老舗企業に伝わる家訓は，江戸時代以前の創業企業にもありましたが，

特に江戸幕府の政治体制が安定し，江戸時代特有の文化が確立された元禄時代以降に多くの商家で明記されるようになりました。これは紀伊国屋文左衛門などに代表されるように，莫大な儲けを一代で散財しつくした豪商のあり様の轍を踏まないようにと，それを目の当たりにした当時の商家の当主たちが後継者への伝承目的で遺したものがほとんどです。そこには総じて奢侈をいさめ，倹約を諭し，信用創造をこそ第一として家業に励むことの重要性が記されているのです。まさに世間における商人としての存在価値を永続させるための叡智が結集されていました。

たとえば，わが国でも長寿企業としてよく知られている企業の家訓の一端が図表5-1に整理されていますが，そこからも十分にその叡智を読み取ることができます。そこでは一様に儲け第一主義を嫌い，何よりも顧客の消費価値創造に繋がるような製品を製造すること，そのための独創性や革新性を重視すること，そしてそうした製品を卸したり販売したりすることを自らの事業の骨格とすることが明記されています。しかも従業員については家族と同様に扱うことやその教育の重要性を説いて教育制度自体の充実化を図ること，さらには取引先についてもその相手方の利益を十分に考慮しなければならないことを説いています。そういえば，大規模量販店の進出によってその周辺の中小小売業者が廃業に追い込まれたとか取引業者が値引きを要求されて苦境に陥ったという話はよく聞きますが，こうした老舗企業と取引をしたために潰れたとか，同業者が老舗企業の影響で廃業したというような話を筆者は耳にしたことがありません。そして利益が上がればそれを従業員や自らの所在する地域に対して十分に還元することの重要性が記されているのです。そうすることによって，世間や顧客からの信用・信頼を獲得することが事業継続にとって最も重要なことであり，それ自体を事業目的としなければならないことが強調されているのです。

さらにそれだけでなく，たとえば西川産業の家訓からは長年勤めてくれた従業員を一族に準ずる別家として遇し，その長年の貴重な経験を積極的に経営に役立てていこうとする姿勢が読み取れます。現代企業の定年退職

図表 5-1　老舗の家訓に示される特質の例

【新宿中村屋（創業 1901 年）】
＜創業者相馬愛蔵の理念継承＞
●「常に素人であれ、己の生業を通じて文化、国家に貢献する」。
●平成13年の新理念「新たな価値を創造し、健康で豊かな生活の実現に貢献する」
　◇独創性を発揮せよ！（模倣を排す）
　◇良品廉価を心がけよ！
　◇社会に貢献せよ！
　◇こだわりをもって！
●店舗主義を重視する。
●従業員教育の重視
　◇若き従業員には親代わりとして教育をする。
　◇従業員は家族である。
　◇従業員とその家族に不安を与えてはならない。
　◇老後の心配をなくすために10年以上の勤続者に店費で保険をつける。
　◇上品な慰安・娯楽の機会をつくる。
　◇常識と教養の勉学機会は幹部級より導く。主人・重役の給与は店員のための学校を設立する。
●昭和12年には店員のための学校を設立。

【虎屋黒川（創業 1526 年頃）】
●「掟書き」と虎屋のこだわり
　◇お客様には下賤を第一に。
　◇常に清潔であること。
　◇従業員の処遇を重視せよ。
　◇出入り商人も身内である。
　◇学習制度の採用。
●「掟書き」と「店員役割書き」にみる経営危機への対処
　◇倹約せよ。
　◇店員教育とモチベーションの向上を図ること。
　◇店内のコミュニケーションを円滑にそして活発に。
　◇店舗自体の組織化を図る。
　◇店員の目的意識を明確に。
　◇上司と部下はマナスを水魚の交わりに。
　◇ボーナスを出し、月二回の酒會。
　◇従業員を自分の子供と同様の教育対象として捉える。
　◇従業員は労働管理の対象ではなく、教育の対象である。
●不拡大方針を重視
　◇現状以上の百貨店出店も控える。
　◇虎屋の従業員およびパートに対する教育機関として「虎玄」を別会社として独立して機能させる。

【西川産業（創業 1566 年）】
●3代目のときに従業員のための積立金制度を始め、7代目のときに完全制度化する。
●別家制度をとり、長年従事してくれた従業員を「一族」に順ずる「一家」として処遇し、経営への発言権をも認める。
●7代目が三割銀制度（奉公人へのボーナスとして純利の3分の1を当てがう）を始める。
　◇この制度は後に従業員の無駄遣いを防ぐために積立金制にする。
　◇登り制度として、長年の奉公にいるために故郷に土産を持たせて錦を飾らせる。
　◇初登り（7年目の奉公者に路銀、土産代、着物代として3両2分を支給）
　①初登り（7年目の奉公者に公認した者）
　②二度登り（初登りからさらに5年登りと公認した者）
　③三度登り（さらに5年で4両を支給する）。
　④退役登り（更なる長期奉公者を「別家」として認める）。
●人事考課制度の充実のために教育制度向上のための積極的な投資を行う。
●現在もほぼ同様の制度の踏襲。

出所：明治大学リバティアカデミー老舗研究会での講演資料より作成。

者に対する扱い方とは大きな違いが見られます。

　また島津製作所 2 代目の島津源蔵訓語には「事業の邪魔になる人」および「家庭を滅ぼす人」という項目の双方に「夫婦仲が睦まじいこと」の重要性が記されています（山本眞功監修『商家の家訓─商いの知恵と掟─』青春出版社，2005 年）。これは"家庭が安定していればこそ仕事に精を出すことができるのだ"との考え方が読み取れますし，図表 5-1 の中村屋の家訓にも経営者は「従業員の家族に不安を与えてはならない」と記されています。ここには明らかに企業の繁栄と従業員の家庭の繁栄とが同じ次元で捉えられており，人が人のために行う商い（ビジネス）というものの本質を，老舗企業がその事業遂行の基本理念に据えていることを窺わせます。

　このような内容を持つ「家訓（中には文書化されずに代々"口伝"として受け継がれている企業もあります）」を代々の経営者が，自らの**組織の行為規範**として継承して行くことはそう容易なことではないでしょう。老舗企業に残るこうした家訓の多くが創業者から 3 代目のあたりまでに制定されています。その成立以降現代まで百年，二百年，あるいはそれ以上に亘って経営指針として日常のビジネス行為の支柱に据えられて踏襲されてきたとすれば，それは代々の当主にとって，家訓はある意味で一種"恐怖的な存在"もしくは"威圧的な装置"としての役目を果たしてきたのかもしれません。まさにそれに沿った経営姿勢を**義務**として守ることを強制されざるを得ない**倫理的な規範書**としての価値を担ってきたのです。

　この家訓の内容を単純に守りながら日々顧客奉仕の精神を忘れずに経営を行ってきた結果として，今日あるような世間からの信用も得てきたのだと思えば思うほど，そこに記されていないような，あるいは禁じられているような商行為や組織拡大の意図を当代の当主が持つことは，多大なる葛藤と勇気を必要としたのではないでしょうか。したがって，無闇な自己利益の追求を目的とした市場拡大策や世の中の流行に促されるような新規事業への投資などは控えざるを得なかったとしても不思議ではありません。まして明日にも経営上の危機が確実に襲ってくるという切迫した状況にな

ければなおさらのことでありましょう。だからこそ，家訓に記された顧客第一の経営姿勢だけを守ってきたことが，規模は大きくならずとも，現在に至るまで顧客からの絶大なる信用・信頼を得ることに繋がってきたのではないでしょうか。そして何よりも確かなことは，老舗企業としての長寿を全うしている理由が，決して欧米流の戦略書に記載されているような特定の外部知識的経営戦略の熟慮の積み重ねによるものではなく，ただひたすらに単純に家訓に記された顧客志向の精神を正直に誠実に真摯に具現化してきたところにあるということなのです。

　こうした意味からすれば，まさにこの家訓自体が組織にとっての「行為価値」として認識され，商人として従うべき「行動原理」として機能してきたといっても過言ではないのです。この原理の下における経営のスタイルは，明らかに知性によるものではなく，過去の家訓に記された経営理念を，当主とその教育に従う従業員とが**意志**をもって日常のビジネス行動として具現化してきた努力行為そのものとして捉えてよいでしょう。それはすでに第2章の§4でも述べたように，きわめて**主意主義的**であり，「三方よし」という商人道を「善的行為」とする限りにおいて，その時代時代で要求される「買い手よし」や「世間よし」のために必要不可欠となる**革新の連続**への対応も必然的努力行為として常識化され，その事業精神の中に深く刻み込まれているのです。

　それは図表5-1の中村屋の家訓にある「独創性を発揮せよ」や虎屋黒川の「学習を怠るな」，「提案制度の採用」だけでなく，上述の島津製作所の家訓にも「何事にも工夫を怠るな」という文言があり，またその他多くの老舗企業の家訓や口伝からも一様に窺えるところです。そうした組織的努力をこそ，世間の顧客が評価し，企業組織そのものを今日まで存続させてきたと考えてもよいのではないでしょうか。現に東京都内の3代百年以上の歴史を有する53軒からなる老舗の集まりである「東都のれん会」のキャッチフレーズは「伝統とは革新の連続である」というのです。現実に様々な業界において，意外と新しい画期的な新製品や新事業は老舗企業か

ら生じていることが少なくありません。西川家などは，創業期には「弓矢」などの武器を扱っていたのが，平和な江戸時代には「蚊帳」を扱い財産を大きく増やし，また第2次世界大戦後の今日では「寝具全般」を扱う企業になっています。その業種の時代性を十分に理解しながら常に新しい事業展開を求めてきたのでしょう。こうして今日に残る老舗企業は，決して昔のままを頑固に守り通しているわけではないのです。もちろん，何百年と続こうが，こうした「家訓」に記されたビジネスの本質を忘れ，その範囲を逸脱したり，自社の利益目的だけでいたずらに拡張戦略や多角化戦略を行ったりした老舗企業は，結果として破綻している場合が多いのも事実なのです。

　このように見てくると，決して家訓の存在自体がビジネスの永続性に繋がっているのではなく，家訓に記された行為原則を遵守するかどうかという意志の存在と，それを自律的な業務規則として，なすべき義務として認識できるかどうかということではないでしょうか。そうであれば，企業経営を永続させるために最も重要となるのは，そうした家訓に記された商人道としての「三方よし」の精神を具体的な行動へと展開できる意志主体としての次期経営者をいかに育て上げるか，また同時にそれを主意主義的に行い得る従業員をいかに育て上げることができるかという教育の問題そのものに行き着くことになるのです。

　この教育がなされずに，家訓に記された経営規範を無視した企業は，たとえそれが100年，200年の長きに亘って承継されてきたとしても，その瞬間に社会的存在価値を失ってしまうことになっても不思議ではないでしょう。したがって，このことはたとえ家訓そのものが存在しなくても，創業以来，商人道の精神が真摯に誠実に守られ，後継者や従業員を厳しく教育し続けて来た企業であれば，そしてそれを顧客や取引先が評価し，信頼し，安心して付き合える相手だと確信してもらえるのであれば，その結果として永続的な事業展開が可能となるのだと言えるのです。

§3. 顧客側の永続的支持の論理と老舗企業の存立原理

　ここまでの議論においては，老舗企業がなぜ時代を超えて今日までビジネスを展開し続けてくることができたのかについて，企業側の要件を中心に検討してきました。しかし，ビジネス行為というものは，買い手である顧客があってこそ成立するものであり，その顧客の側がなぜ代々に亘って特定の売り手企業を支持してきたのかについての理由も明らかにしておかなければならないでしょう。何しろ顧客の側には売り手である企業側のように，その永続性に関する使命感があるわけでもありませんし，何よりも顧客側自身の様々な事情に基づいて自由にその企業との取引関係を清算できる相手なのですから。そこでここでは顧客側が特定の企業を代々支持し続ける理由について考察してみることにしましょう。

　曽祖父母や祖父母，そして父母が信用信頼し購買し消費し続けて来た製品やサービスを当代のわたしまでがなぜそれを好んで購買し消費しているのでしょうか。そうでなければ，100年，200年とその商品やサービスを製造，販売してきた企業の存在をどのように説明すればよいのでしょうか。祖父母までは記憶にあっても曽祖父母とまでいえば気の遠くなるほど昔の人ですし，家族としての繋がりはあっても，その人々の日常生活のエピソードすら今日では聞いたことのある人の方が稀なのではないでしょうか。でも，間違いなくその人々が好んで消費してきたものを今も消費続けていなければ，老舗の存在などこの世にあるはずがありません。

　わたしたちが生まれて此の方，まったく誰からも影響を受けずに自らの生活に必要なものを選択し，消費し続けて来たとするならば，曽祖父母や祖父母が好んでいた商品を自分も好むなどということは，偶然以外の何ものでもなく，その選択確率は非常に低いのではないでしょうか。なにしろ百年前と比べれば今日の身の回りを囲む商品環境のほとんどが全く変わっ

ているのですから。しかし祖父母が好んで食べていたお菓子を今のわたしも好んで食べているという事実。あるいは曽祖父母が好んで使っていた道具を今のわたしも好んで使っている事実等々。この事実としての伝承行為がなければ，たしかに老舗の存在はあり得ようがないのです。そして言葉を替えれば，この伝承行為とは親から子へ，そして孫へと代々の「教育行為」なのだ，と捉えてもよいかもしれません。

　ここにこそ，100年以上の長きに亘ってビジネスを続けることのできた理由が隠されているのではないでしょうか。あるいは"ブランド"というものの本質もそこにあるのではないでしょうか。もちろんこうした伝承は，血縁関係の中だけで生じるわけではありません。わたしたちは，友人や仕事上の先輩からそうしたブランドの価値を伝承されることもあります。あるいは様々なメディアを通じてその価値を自ら認識する場合もあります。それはまさに社会自体が認めてこそのブランドであると言ってよいでしょう。そうした企業はそれを具現化するための高度な技術の継承や時代の進展に適合するような革新的努力を継続しながら，しかもいつの時代にも真摯で誠実に正直に商いをしてきた末の今日の姿に違いありません。そうした企業の姿勢を顧客の側が支持し，その消費価値の伝承を自らの周辺に積極的に布衍してきたのではないでしょうか。ここにこそ，老舗企業の存立原理そのものがあるのであり，ブランドはまさしくわたしたち消費者によって"ブランド化"されてきたのだ，といっても過言ではないのです。

§4. 不拡大永続主義経営におけるマーケティングの本質と7つの原則

　本来，「ブランド」とは製造されて市場に登場するすべての製品に付されている識別記号以外の何ものでもないのです。そして市場でその品質や

性能の優秀さが評価され，市場に浸透し，多くの人々の知るところとなってはじめて，わたしたち顧客の側が口にするところのいわゆる「ブランド品」としての称号を獲得することができるのです。したがって，実はブランドの付された製品の多くは市場での高い評価を受けることなく，すなわち売れないままに市場から消えていく製品の方が圧倒的に多いのです。

　ようするに，通常「ブランド」という意味はそうして市場に永く生き残った製品に与えられる特定的な意味で用いられている用語なのです。しかもそれが広告などの巧みさによって一時的に知られた製品ではなく，100年以上の長きに亘って評価され，市場に生き残ってきた製品を提供してきた企業こそが「老舗企業」と呼ばれているのです。このように，市場において価値ある"ブランド品"とは，長い時間をかけてその品質や性能の優秀さが証明され，そしてそれを創り出す企業の社会的な信用や信頼が培われてはじめて認められるものなのです。

　このような売り手と買い手の代々に亘る取引関係は，それを実質的に**コミュニケーション関係の永続化**と捉えてよいかもしれません。上に述べたように，まさに100年以上も続く顧客との関係は企業側の代替わりだけでなく，同時に顧客側も代替わりをしながら，それらのブランドに関する価値観を互いに次の代に刷り込むという教育的コミュニケーション行為が積極的に行われていた結果でもあるのです。企業側では先代当主から当代当主への事業価値伝達行為としてのコミュニケーション努力が，そして消費者側では先代顧客から当代顧客への消費価値伝達行為としてのコミュニケーション努力があったればこその，企業と顧客の関係の継続であったのです。

　このようにして，企業の側と顧客の側の関係が，さらには従業員や取引先，そして世間等々との代々に亘る永い関係は，これらビジネス取引の構成要素間相互の相等しい価値観に基づくいわゆる"等価コミュニケーション"を繰り返しながら，他の一般的な企業群のあり様が示す取引環境とは全く異なる「**運命共同体的統一体**」としての社会システムを形成してきた

結果であると考えてもよいのではないでしょうか。この意味において，そうした運命共同体的システムの内部で，その外部環境とは一線を画した状態の下で，価格による市場メカニズムに影響されることなく，それら構成要素間において1つのコミュニケーションが次のコミュニケーションを生み出すという**自律的な**コミュニケーション行為の展開をそこに見出すことができるのです。

　このように考えれば，顧客との一度だけの取引関係は次の取引を保証するわけではないが故に，それを永続的な関係として紡いでいくためには，真摯で正直な不断のコミュニケーション努力だけが必要不可欠となるのであり，それが未来の**存在保証**になると言えるのです。すなわち，人間と人間の関係としてのビジネス行為というものにおいて，そこにしか互いの信用・信頼関係を築くことができないのだということを知らなければならないのです。まさに企業のマーケティング行為の本質が，ここにこそ存在するのです。こうしたビジネス関係においてのみ，企業の側と顧客の側が互いに敬意を払うことのできる取引相手としてその価値を創り上げることが可能となるのです。

　創業以来100年を超えて存在する老舗企業とは，顧客への**奉仕**こそがビジネス行為の本質であると捉え，それを**義務**として遂行するための具体的な仕組みや接客の仕方，取引先や従業員との関係への配慮等々を構築する活動を，**意志**をもって遂行するということを今日まで脈々と受け継ぎながら事業を続けて来たのです。こうした企業の姿勢をこそ，時代を超えて顧客側が評価し，その存続を許してきたのではないでしょうか。それは企業規模とはまったく関係のないことなのです。このような老舗企業に共通する特質から，ビジネス組織そのものを長生きさせるための経営原則を次の7つにまとめることができます。

① 顧客への奉仕こそが自らの産出する製品やサービスの目的であり，それ以外の目的を想定しない。

② そのために必要な従業員や事業継承者への教育を義務と捉え，主人

から従業員までが〝顧客奉仕のため〟という行為認識を，自らの労働の価値そのものであると理解させるような努力を，〝教育〟という概念で辛抱強く行う。
③ すべてに正直で，他者を欺くような行為を心底嫌うような意識と組織文化を醸成する。
④ 取引企業の人々も自社の従業員も〝家族〟であると捉える。
⑤ 同業者に脅威を与えるような事業行為を控える。
⑥ 自らの事業に誇りをもち，また世間に対して恩返しをするという意識をもつ。
⑦ 明日の顧客に酬いるために，今日以上の品質や性能，そしてサービスの向上を目指し，そのための教育と技術開発（革新）への投資を怠らず，また自社の存続の基盤となる環境変化にも即応できる態勢をとっている。

　この７つの要件はしたがって，これらを義務として意志をもって日々のビジネス行為において企業が順守するのであれば，いたずらに市場シェアの拡大やビジネス規模の拡張を目的目標としなくても，顧客に支持され，さらには社会そのものからも支持され，それらの人々にとってなくてはならない企業として，その存続を永続的に許されることになるでしょう。たとえ事業成立の基盤となる特定地域の人口そのものが減少したとしても，あるいは画期的な技術の出現で業種そのものの存立が不可能となった場合でも，今日ある老舗企業の多くが，常に"ビジネスとは革新の連続なのだ"という志向の下に，新地域進出や新事業開発への果敢なる挑戦によってそうした危機をも克服してきたのです。
　ここにおいて，消費価値の高い製品の製造や販売が積極的に行われ，また企業トップの承継における顧客志向教育の徹底と従業員に向けた顧客志向教育の徹底，そして事業革新への投資と従業員への利益配分を前提とした企業収益の内部蓄積の重視を核とするところの**不拡大永続主義経営**の実

践が可能となるのです。

【なお，この第Ⅰ部における「マーケティング」という企業行為に関する基本認識とその価値観は，[上原征彦・大友純『価値づくりマーケティング―需要創造のための実践知―』丸善出版，2014年] に基づいており，またこの本の第9章では老舗企業に関するより詳細な記述と分析が行われているので，参考にしていただければ幸いです。】

第Ⅱ部

老舗・長寿企業の財務・会計戦略

「どこまでもまず人間をつくれ。それから後(のち)が経営であり，あるいはまた事業である。」

（中村天風述）

第6章
理想の決算書とは何か

　決算書（正式には財務諸表）は，3つの計算書から成り立っています。つまり貸借対照表（IFRS*では，財政状態計算書），損益計算書（または，包括利益計算書），そして2000年に導入されたキャッシュ・フロー計算書からなります。

　これらの3つの計算書には，それぞれ財務・会計戦略的に理想の決算書が考えられます。

§1. 財政状態計算書（貸借対照表）の財務・会計戦略上の理想

1. はじめに

　財政状態計算書（貸借対照表）の理想は，過去の利益の蓄積額である利益剰余金が資産合計（総資産額）の60％になることです。

　次のとおりです。

＊IFRS：一般にイファーズ，もしくはアイファーズとよばれ「国際財務報告基準」を意味します。以下「国際会計基準」と略称。

財政状態計算書（貸借対照表）

資　産 （100%）	負　債（30%）
	株主出資金(資本金・資本剰余金,その他)10%
	利益剰余金 （60%）

　財政状態計算書（貸借対照表）は，資産合計（総資産）の60%の利益の蓄積，つまり利益剰余金が資産合計の60%になるとほとんどの会社が，金利のかかる借金が0となる無借金経営が実現されます。

　それは，その会社の設立から現在まで（正確には前年度末まで）の経営力が強く，利益の蓄積が大きくて，経営者と従業員の努力で獲得された資金で経営が行われていることをあらわしています。

　自分たちで稼いだ資金が蓄積されますから借金の必要がなくなり，利益剰余金が資産の60%ぐらいになると無借金経営が実現されるということです。

　この理想の財政状態計算書（貸借対照表）を見ても，右側は，負債と純資産で100%ですから純資産の一部である利益剰余金が資産合計との比率で60%とすると，残りの40%が株主出資金（資本金と資本剰余金）と負債ということとなります。

　もし，利益剰余金の資産合計の割合が70%であるとしたら，残りの30%が株主出資金（資本金と資本剰余金）と負債ということとなります。株主出資金は，通常は返還しませんから増資や減資が行われない限り変わらないので，減っていくのは負債ということとなります。

　つまり，利益剰余金と負債の関係は，利益剰余金が増えれば増えるほど，金利のかかる借金，つまり有利子負債が減るということとなります。それが資産合計の60%位になると，ほとんどの会社が無借金経営となる

財政状態計算書（貸借対照表）

資　産 （100%）	負　債（20%）
	株主出資金(資本金・資本剰余金,その他)10%
	利益剰余金 （70%）

のです。

　したがって，どんな国でも，どんな会社でも，ある程度の利益の蓄積は，会社経営の財務・会計戦略上の最高の指針であることは疑いのない事実であります。

　なぜならば，利益の蓄積が大きいということは，それだけ長い間の利益の獲得能力が高かったということになります。利益の蓄積の源泉は，当期純利益ですから利益の蓄積が大きいということは利益の蓄積の源泉である，当期純利益が大きいということに他ならないからです。

　特に，日本の上場会社を中心とした利益の蓄積力は，非常に高いものがあります。

　さて，次に利益の蓄積力に大きな影響を与える負債についてみていきましょう。負債（借金額）は，次の3つの要素から成り立っています。

　① 取引上の負債

　取引上の負債とは，支払手形や買掛金であって，これらは，取引の大きさで増減しますから，利益剰余金の大きさに関係しません。

　② 有利子負債（金利のかかる借金）

　金利のかかる借金，すなわち有利子負債は，利益剰余金が大きいとふつう，資金に余裕ができますから，それを有利子負債の返済に充てることができます。したがって，支払利息が減少していきます。また，余裕資金を各種投資に回しますから利息や配当金の受取が大きくなります。逆に，利

益剰余金が小さく，または，マイナスの場合には有利子負債が増え，支払利息が増加し，資金に余裕がなくなりますから各種投資に回す資金が不足し，利息や配当金が稼げなくなり，受取利息や受取配当金が稼げなくなります。

③　その他の負債

その他の負債は，未払税金や各種引当金で，税金を支払うことで消滅しますし，引当金は各種の費用や損失の予定額ですから利益剰余金とは関係ありません。

結局，利益の蓄積が大きな影響を与えるのは，金利のかかる借金，有利子負債ということとなります。

四季報（東洋経済新報社）を参照して計算した利益の蓄積力（総資産に占める利益剰余金の比率）は，2008年から2013年まで図表6-1のとおりです。

無借金経営が実現されているのかどうかを，より具体的に知るには，財政状態計算書（貸借対照表）の左側の資産を見ればわかります。

利益剰余金のもとは，当期純利益であることはすでに述べましたが，そ

図表6-1　日本企業の利益の蓄積力

年	会社数（社）	蓄積率60%以上の会社（社）	蓄積率50%以上の会社（社）	平均蓄積率（%）
2008	3,918	220	447	22.2
2009	3,803	293	545	22.3
2010	3,698	287	574	22.5
2011	3,618	301	598	23.4
2012	3,562	323	610	24.3
2013	3,548	317	608	25.4

れでは次に当期純利益の源泉について考えてみましょう。

　当期純利益は売上高と大いに関連していますので，まず売上高の内訳について理解しましょう。

```
売上高 100 億円 ┤ 現金預金 30 億円
                  受取手形 40 億円
                  売 掛 金 30 億円
```

　この現金預金，受取手形，売掛金は，次のように財政状態計算書の左側の資産の部の流動資産の一部分です。

```
資産  〈流動資産〉
        現金預金          30 億円
        受取手形及び売掛金 70 億円
      〈固定資産〉
```

　すなわち，売上高が上向けば上向くほど，現金預金と受取手形及び売掛金が増加し，流動資産の比率が大きくなります。受取手形及び売掛金は，最終的には（正常であれば3か月ぐらいで）現金預金となります。つまり，資金に余裕ができます。そこで，借金がある場合，金利のかかる金融機関からの借金を支払います。したがって，借金が減っていって，利益剰余金が資産合計の60％ぐらいになると無借金経営が実現します。一旦，現金預金が増加しますが，その後，余裕資金はその会社の財務政策によって，いろいろに投資されます。したがって現金預金だけでなく，いろいろの資産になり，また研究開発などに投資されます。

2. 利益剰余金の決算書への影響

　さて，これまで述べてきたように売上アップやコストダウンで生まれた余裕資金（利益剰余金）が決算書にどのような影響を与えるか，以下にまとめます。

① 利益剰余金は，財政状態計算書（貸借対照表）の純資産（資本），負債，そして資産に大きな影響を与えます。

② 具体的には利益剰余金は，有利子負債，現金預金，有価証券，投資有価証券に大きな影響を与えます。

③ 利益剰余金は，大きくなればなるほど，一旦，現金預金を増加させますから，これによって有利子負債（金利のかかる借金）を返済することとなり有利子負債が減少します。

④ 一般的に現金預金が増える結果，受取利息，受取配当金を稼ぐため有価証券や，投資有価証券に投資します。

⑤ したがって，損益計算書の受取利息や受取配当金が増え，支払利息が減少します。

⑥ キャッシュ・フロー計算書の受取利息や受取配当金の入金額を増やし，支払利息の出金額を減らします。

⑦ 結果として，現金及び現金同等物の期末残高を増加させる要因となります。

3. マイナス利益剰余金の決算書への影響

　それでは，逆に利益剰余金がマイナスの場合に，決算書がどのような影響を受けるか，列挙すると以下のようになります。

① 利益剰余金のマイナスは，財政状態計算書（貸借対照表）の純資産（資本），負債，資産に悪い影響を与えます。

② 利益剰余金のマイナスは，有利子負債，現金預金，有価証券，投資

有価証券に悪い影響を与えます。
③　利益剰余金のマイナスは，現金預金を減少させますから，資金不足を補うためには，有利子負債（金利のかかる借金）を増加させることとなり有利子負債が増えます。
④　現金預金が減る結果，受取利息，受取配当金を稼ぐための有価証券や，投資有価証券への投資ができなくなります。
⑤　したがって，損益計算書の受取利息や受取配当金が減り，支払利息が増加します。
⑥　キャッシュ・フロー計算書の受取利息や受取配当金の入金額を減らし，支払利息の出金額を増やします。
⑦　結果として，現金及び現金同等物の期末残高を減らす要因となります。

4. 利益剰余金の比率が 30% の場合

利益の蓄積が資産合計（総資産）の 30% の場合の財政状態計算書（貸借対照表）は，次のようになります。

<u>財政状態計算書（貸借対照表）</u>

資　　産 （100%）	負　債 （60%）
	株主出資金(資本金・資本剰余金,その他) 10%
	利益剰余金（30%）

このように，利益の蓄積が資産合計の 30% で株主出資金が 10% と仮定すると，借金（負債）は 60% ということになります。

利益の蓄積（利益剰余金）がさらに低くなり，資産合計の10%にまで下がると借金（負債）の比率はさらに増えて80%ということとなります。

以上を総括しますと，利益を蓄積するとその蓄積分だけ，借金が減るということがわかります。それがどんどん蓄積されて60%位になると無借金経営が実現することとなります。利益が蓄積されて減っていくのは，前に見ましたように金利のかかる借金，つまり有利子負債です。

5. なぜ，ある程度の利益の蓄積が必要なのか

　会社は，継続企業ないしは持続可能企業として，長く，強く，安全に，そして安定して社会に貢献するためには，どんな国のどんな企業でも，ある程度の利益の蓄積が必要不可欠です。
　大変かんたんな話ですが，家庭の場合を考えると，すぐ理解できます。
　たとえば，1,000万円の貯金のある家庭と1,000万円の借金があって，貯金が0の家庭を比べて，子供が急病にかかって，その手術代に100万円がかかるとしたら，1,000万円の貯金のある家庭では，すぐ，100万円を払って手術できますが，借金だらけで貯金のない家庭では，手術は受けられず，結果は目に見えています。会社でも，そうです。グローバル化したいま現在の経済環境では，どのようなリスクがあるかわかりません。
　リスクに強くなるために一番大切なことは，必要な，ある程度の利益を蓄積して，リスクが生じても，切り抜けられる基礎体力を蓄えて，はじめて長く強く活き続けて社会に貢献することができます。
　そのためにはどんな企業も経営で稼いだ利益のうち，ある程度は蓄積することが必要不可欠です。
　それでは，次項で日米の代表的な会社の実例で比較検討していきます。

6. トヨタとGMの決算比較

利益剰余金の多少が，決算書にどういう影響を与えるかについて，前述したとおりですが，総じて，欧米では，特にアメリカでは，その民族性（狩猟・牧畜民族）のせいか，蓄積をしません。会社は株主のものであり，利益は株主のものだからです。その結果，蓄積の少ないアメリカ企業は不況に弱く，また回復力が弱いという傾向にあります。

ただし，蓄積の多い会社もあります。

欧米では，同族系の会社に多く，なぜかと言うと，良い会社を子供や孫に継がせたいことによると思われます。

さて，図表6-2のトヨタとGMの比較表をみてください。

トヨタの蓄積率は，2005年から2008年まで資産合計の約38.3%，約36.6%，約36.2%，約38.2%であり，その当時の上場会社平均値の約22%をはるかに超えています。これに対してGMは最大50兆円の資産合計に対して，利益は，ほとんど蓄積されていません。最大年間約1.8兆円の金利を支払うという借金まみれの会社であったのです。

したがって，アメリカ最大・最強の会社が倒産したのも当然のことです。

蓄積の源泉となる売上営業利益率もトヨタが8%〜9%台と理想に近いのに対して，GMは2004年だけがわずか1.5%で，その後の4年間はマイナスの状況が続いていたということがわかります。

図表6-2　トヨタとGMの決算比較

(単位：兆円)

	トヨタ（3月決算）				GM（12月決算）				
(年)	2005	2006	2007	2008	2004	2005	2006	2007	2008
利益剰余金	9.3	10.5	11.8	12.4	0.312	0.2784	0.0483	△4.4	△6.4
売上高営業利益率(%)	9	8.9	9.3	8.6	1.5	△0.6	△3.7	△2.4	△14.3

結果として，トヨタは財務・会計的に強い経営体質であり，GMは極めて弱い体質であったことが分かります。財務・会計的に見て，トヨタは，リスクに強い体質であり，GMは，リスクに極めて弱い体質であったことが明らかです。

7. アメリカ企業と日本企業の特徴

総じてアメリカ企業の特徴を示すと次のとおりとなります。

① 市場（マーケット）を狩場としています。証券市場，金融市場が発展しているアメリカでは，市場の価格の上下によって，簡単にカネを得ることができます。その目的はカネです。したがって，手っ取り早く労力を必要とせずにカネを獲得できますから，会社の株価だけが問題で，従業員とか，社会といった最も大切な点が置き去りにされてしまう傾向となります。市場が，狩猟・牧畜の狩場なのです。

② その結果，企業活動のすべてが市場に依存することとなり，経営の本来のあり方である自主・自立という考え方にならないのです。株主や投資家が，実際には，ほとんどが投機家で，経営そのものには，そしてその基盤である社会や自然に興味がなく経営の自立や社会との調和や，そして自然との調和になんら興味がないということとなります。

蛇足ながら，現在の日本企業もこういう風になりつつあるといえます。つまり株価ばっかり気にする経営です。グローバル化の影響でしょうか，日本企業でも株価に翻弄されている企業がほとんどになってきました。もちろん，上場している限り株価は気にしなければなりませんが，それと経営の本質は別問題です。自主・自立の経営で，強く長く持続して社会に貢献することが最も経営の本質的問題です。

③ このように市場に依存する経営は，自立という独立心が希薄となります。

④ このような考え方は，アメリカの民族性に由来するといえます。

つまり狩猟・牧畜民族の DNA を持つことが市場を狩場としています。

⑤　アメリカの株主重視経営は，信用できるのはカネだけという極端な傾向となってあらわれます。

⑥　ただ欧米でも，株主のための企業経営ではなく，広く社会のため，つまり数多くの利害関係者のために行う経営が新しい形の経営（ステークホルダー型経営）として考えられています。

　日本的企業は，筆者の長年の財務・会計上の分析研究によると，民族性が農耕民族であり，そのため理由はどうであれ，利益を蓄積する傾向にあります。これは上杉鷹山に代表されるように豊作期に備蓄し，飢饉・不作期に放出し，領民を助けるといった民族性がそのまま会社経営にも遺伝子的に残っているのです。もちろん貯めすぎはよくありませんが，利益の蓄積率の理想は，前述したように 60% です。

　厳密に言いますと，これは金利のかかる借金がない，つまり無借金経営が実現される蓄積率です。

　貯めすぎ企業の代表的な会社をあげると，2013 年 3 月時点で 317 社と考えられますが，そのうち，無借金経営となっている会社の例をあげると次ページの図表 6-3 のとおりです。なお，ここでは，営業利益率も 5 年間平均 10% 以上の会社に限定し，ベスト 20（2013 年 3 月決算中心）を掲げます。

図表 6-3　無借金経営の日本企業ベスト 20

会社名	利益の蓄積率（％）	5年間平均営業利益率（％）	有利子負債
1　卑弥呼	111.7	11.3	0
2　ファナック	103.5	35.4	0
3　ヒロセ電機	100.3	22.4	0
4　小野薬品工業	94.6	27.0	0
5　ナカニシ	92.7	32.3	実質 0
6　マニー	91.1	37.2	0
7　ジャストプランニング	88.0	26.6	0
8　キーエンス	87.2	45.9	0
9　ナガイレーベン	87.1	28.2	0
10　養命酒製造	86.3	12.6	0
11　大正製薬 HD	83.9	13.3	0
12　エーワン精密	83.5	24.0	0
13　コーセル	83.5	17.7	0
14　クリップコーポレーション	83.5	20.5	実質 0
15　エプコ	82.8	25.6	0
16　SANKYO	82.4	20.5	実質 0
17　エン・ジャパン	82.4	19.6	0
18　日東工器	82.0	11.6	0
19　ユー・エス・エス	81.3	40.0	実質 0
20　久光製薬	80.5	21.0	実質 0

注1）　大正製薬 HD は，2年間の平均営業利益率。
　2）　借金が実質 0 というのは，利益の蓄積は非常に大きいが僅かな金額で子会社が独立採算のため借り入れているものと考えられますので実質は 0 です。

8. 長期蓄積力比率とは

利益の蓄積率を長期蓄積力比率と名付けています。

さて，利益剰余金の大きさで，会社の過去優良度が一目でわかることとなりますが，実際には15兆円を超える蓄積額を持っている会社もあれば，同じ利益剰余金額でも会社の大きさが違いますし，使っているお金が小さければ小さいほど効率が高いこととなります。

つまり，会社にはサイズがあり，儲かる業種とそうでない業種がありますから，金額だけで比較することは正確ではありません。

一目で設立から現在までの損益の結果を見るとしたら，比率でもって計算し，比較することが最も良い比較方法と言えます。

そこで，過去の損益の結果をあらわす最も良い比率は，次のような長期蓄積力比率です。

$$\frac{利益剰余金}{総資産（資産合計）} \times 100\%$$

総資産（資産合計）を分母に，利益剰余金を分子とした，このシンプルな指標で過去の業績が一目でわかることとなります。

なお，これまでの研究で，次のことがわかりました。

① この比率が60％以上となると，成長・拡大しつつある会社を除いてほとんどの企業が，無借金経営（金利のかかる借金がゼロということ）を実現するということです。もちろん，子会社が借り入れている場合がありますが，その場合は金額がわずかですからすぐわかります。

② 2013年の上場会社の平均は，25.4％です。日本の会社の蓄積力が高いことがわかります。もちろん，経営力が強いということです。

このように，過去のその会社の長期の経営力（設立から現在までの儲ける力）は，長期蓄積力比率でかんたんにわかります。分子の利益剰余金は，設立から現在までの儲けの中から蓄積されてきた利益の合計額であり，分母の資産は，会社の設立から現在までのすべての活動の結果ですから，まさに，本当の意味で過去の長期の経営力をあらわす，ただ1つの指標といって良いでしょう。

9. マイナス長期蓄積力比率とは

ところで，マイナス利益剰余金の場合の過去の業績が一目でわかる比率を考えて見ましょう。これをマイナス長期蓄積力比率と名付けます。

もちろん，マイナス利益剰余金は，損失の累積額ですから，長期蓄積力比率の分子をマイナスにして計算すれば良いと単純に考えられますが，分子は良いのですが分母が問題となります。

損失が10億円たまっていると考えますと，会計は，左と右に同一金額を二面記入ですから，左の資産が10億円減ると同時に，右の純資産（株主持分：出資者持分）も10億円減ります。そうすると今の分母の資産合計は，10億円減った金額となります。

大切なことは，元の資産合計がどれだけ減ったかを指標があらわさないと指標としての正確さに欠けることとなります。

そこで，一工夫して，分母の資産合計を，元の資産合計にするためには，減った分，つまりマイナス利益剰余金分を今の資産合計（減ったままの資産合計）に足してやれば，元の資産合計となります。

そこで，次のような計算式が考えられました。

$$\frac{-利益剰余金}{資産合計＋マイナス利益剰余金分} \times 100\%$$

この計算で，たとえば，−10% と計算されたら，それは，元あった資産の 10% を損失で食いつぶしたことを意味することとなります。
　実際の K 社の例で見ますと，次のようになります。

K 社 (単位：千円)

| 資産合計　13,808,955 | 利益剰余金　△　6,959,318 |

　K 社のマイナス長期蓄積力比率は，次のとおり計算します。

$$\frac{-6,959,318}{13,808,955+6,959,318} \times 100\% = -33.5\%$$

　この計算式を使うことによって，設立から現在までの，その会社の業績の悪さが一目で，かんたんにわかります。
　これまでの研究で，この比率が−40% 以下になると，たとえば−45%，−50% という風になると確実に倒産します。もちろん，銀行管理になっていたり親会社が吸収したりグループが支えたりしても，実際上は倒産ということとなります。
　なお，銀行業，電力会社，保険業，その他金融業は，分母の資産が巨額となりますから，比率が小さくなり，比較が難しいので，長期蓄積力比率を使わないで，同業種の比較は，利益剰余金の金額で比較して良し悪しを判断します。

§2. 損益計算書（包括利益計算書）の財務・会計戦略上の理想

1. はじめに

　損益計算書の理想は，本業の利益（その会社の経営目的の活動）を中心として考えなければなりません。

　なぜなら，その会社は，その目的で経営していくために創られたのですから，その経営目的活動から得られる利益が中心となるのは当たり前のことです。

　しかし，その1年間の本当の利益は，この本業の利益である営業利益を中心として考えられなければならないとしても，本業の利益だけでは真の利益をあらわすとは言えません。

　なぜなら，普通，会社は，ほとんどの会社が金融機関からの借り入れ資金を必要とするからです。

　金融機関から借り入れをすると支払利息がかかります。

　これは，一般の会社では本業ではないのですが，ほとんど必ずと言ってよいほど経営に必要な費用ですから，これを考慮して本業の利益から差し引く必要があります。

　また，同様に資金の余裕のある会社は，預金の利息の受け取りや株式保有による配当金の受け取りなどが常におこります。そして資金のない会社は，利息の受け取りや配当金の受け取りが小さくなりますから，こういった本業ではないが本業に伴って生じるものは，経営上の真の利益に必要不可欠な利益と費用です。

　したがって，1年間の真の経営上の利益は，次のようなものとなります。

> 真の経営上の利益＝営業利益＋受取利息・配当金－支払利息関係
> （持続可能利益）

　以上に，計算された利益を持続可能利益と名付け，1年間の真の経営上の利益と考えます。なお，支払利息関係となっているのは，支払利息のほかに社債利息とか，有価証券利息とかコマーシャルペーパー利息とかいろいろな名前の利息があるからです。

　損益計算書の会計戦略上の理想図を示すと，次のとおりです。

損益計算書（包括利益計算書）

Ⅰ	売上高	100%
Ⅱ	売上原価	50%
Ⅲ	販売費及び一般管理費	35%
Ⅳ	営業利益	15%
Ⅴ	受取利息・受取配当金	2%
Ⅵ	支払利息関係	7%
Ⅶ	持続可能利益	10%以上が理想

　戦略的に考えますと，ⅠからⅣまでの本業の利益を計算する区分が，最も大切な区分です。

　なぜなら，売上高，売上原価，販売費及び一般管理費，そして営業利益は，その会社の過去の結果である利益剰余金の影響を受けない項目だからです。

　受取利息・受取配当金と支払利息については，利益剰余金の影響を受けます。利益剰余金が大きければ大きいほど，現金預金を一旦は大きくしますから，余裕資金の利用から利息や配当金が大きくなる可能性があります。また，利益剰余金が大きければ大きいほど金利のかかる借金，すなわち有利子負債を減らし，資産合計の60%くらいになると無借金経営が実

現します。ですから，持続可能利益には利益剰余金の影響があります。

利益剰余金が大きくなればなるほど，前述したように有利子負債を減少させますから支払利息が減少します。また余裕資金を各種投資に回して，受取利息や受取配当金を稼ぐことができます。逆に，利益剰余金が小さく，またはマイナスの場合は，不足資金を借金で賄いますから支払利息が増え，資金不足から各種投資に投資できず，受取利息や受取配当金を稼ぐことはできません。このように，利益剰余金の大きさは，受取利息・受取配当金と支払利息に大きな影響を与えます。

これに対して，売上高，売上原価，販売費及び一般管理費は，いま現在の営業活動の結果ですから過去の利益の蓄積額である利益剰余金の影響は受けないこととなります。

逆に言いますと，過去の影響を受けない，これらの項目こそ，未来に向かっての戦略の中心となる項目であることがわかります。なぜなら，過去の影響を受けない項目こそ未来の戦略の中心核となるからです。

過去が良かった会社であれ，過去が悪かった会社であれ，この区分の戦略を怠ると結果として問題会社に落ちていきます（たとえば，任天堂，かつての蛇の目ミシンなど）。

ですから，売上高に対するマーケティング戦略，新製品・新商品・新サービス開発戦略，研究開発，市場戦略を中心とした販売戦略，売上原価，販売費及び一般管理費に対するコスト戦略，そしてこれらの戦略を間接的に支援する経営管理戦略が毎年，毎年必要となるわけです。

2. 営業利益と持続可能利益の理想とは

経営の神様と言われた松下幸之助氏は，「自分は，経理屋でもないし，会計の専門家でもないが，その経験から営業利益の理想は，10%以上と思う」と言われていますが，筆者は，無借金経営を実現するために必要な利益の蓄積率60%にするためには，たとえば，シンプルに考えると，0

から出発して毎年資産の 3% を蓄積するとして 20 年はかかります。

　ただし，蓄積の前に株主の配当金を支払わなければなりません。これを 2% と考えると当期純利益率は 5%（資産回転率は 1 回として資産＝売上），税金が約半分とられますから営業利益は 10% ということとなり，これは松下幸之助氏の考えと一致します。したがって，より健全に考えて持続可能利益率も 10% 以上が理想だといえます。

3. 持続可能利益率とは

　この損益計算書の中心核となる利益率を，持続可能利益率と名付けました。

　経営上の真の利益額，持続可能利益を比率であらわすと次のような計算式となります。

$$\frac{持続可能利益(売上高 - 売上原価 - 販管費 + 受取利息・受取配当金 - 支払利息関係)}{売上高} \times 100\%$$

　この比率は，本業の利益率と同じように 10% 以上が理想です。

　つまり，持続可能利益率が 10% 以上なら，持続可能会社として理想的だということになります。

　実際の例で見てみましょう。

```
O社（単位：百万円）
       損益計算書
売上高        145,393
    ～省略～
営業利益        31,922
受取利息           788
受取配当金        1,786
支払利息             0
持続可能利益      34,496
```

（売上高－売上原価－販管費）＝これまでの営業利益ですから，（営業利益＋受取利息・配当金－支払利息関係）で持続可能利益が計算されます。

持続可能利益率は，次のように計算されます。

$$\frac{34,496（持続可能利益）}{145,393（売上高）} \times 100\% = 23.7\%$$

持続可能利益率の理想は，10％以上ですから，O社は，その倍以上となります。しかも本業からの真の経営上の利益ですから，非常に理想的な状態にあるといえます。

§3. キャッシュ・フロー計算書の財務・会計戦略上の理想

キャッシュ・フロー計算書は，損益計算書の現金預金版的特徴をもっています。

図表6-4 損益計算書とキャッシュ・フロー計算書の相関

（損益計算書）	（キャッシュ・フロー計算書）
営業利益（本業の利益） ——>	営業活動によるキャッシュ・フローの小計
受取利息 ——>	利息の受取
受取配当金 ——>	配当金の受取
支払利息 ——>	利息の支払

　ですからその内訳は，損益計算書と同様に本業の利益である営業利益と利息の受取と配当金の受取，そして利息の支払いを計算したキャッシュ・フローによる持続可能利益となります。

1. 理想のキャッシュ・フロー計算書

キャッシュ・フロー計算書

```
Ⅰ　営業活動によるキャッシュ・フロー
                                      （単位：％）
    1  税金等調整前当期純利益              10
        ＋修正項目プラス                    5
        －修正項目マイナス                   3
    2  小計                               12
    3  ＋利息・配当金の受取                  4
    4  －利息の支払                         6
        キャッシュ・フローによる持続可能利益  10
〈キャッシュ・フローによる持続可能利益は，対売上高に
対して10％以上が理想〉
```

　営業活動によるキャッシュ・フローは，基本的には損益計算書の現金預

金版ですからキャッシュ・フロー計算書の理想として，キャッシュ・フローによる持続可能利益率は 10% 以上が理想となるわけです。

利益剰余金の大きさは，前述したように大きくなればなるほど利息の現金預金の支払いを少なくし，各種投資からの現金預金による利息の受取や配当金の受取を大きくします。

これに対して利益剰余金の小ささやマイナスは利息の現金預金の支払いを大きくし，資金不足から各種投資からの利息の受取や配当金の受取からの現金預金を小さくし，大きな影響を及ぼします。

また，投資活動の活発化や不活発化に影響し，財務活動（特に借金の借り入れや返済など）の活発化や不活発化に大きな影響を及ぼします。

2. キャッシュ・フローによる持続可能利益率とは

キャッシュ・フロー計算書の中心核は，キャッシュ・フローによる持続可能利益です。

経営上の真の利益額である持続可能利益をキャッシュ・フロー計算書で見ると，小計が出ているキャッシュ・フロー計算書の場合には，次のような形でキャッシュ・フローによる持続可能利益が計算されます。

$$\begin{pmatrix} 営業活動による \\ キャッシュ・フローの小計 \end{pmatrix} + (利息・配当金の収入) - (利息の支払)$$

したがって，キャッシュ・フローによる持続可能利益率は，次のような計算式で計算し，これがキャッシュ・フロー計算書の中心となる比率です。

$$\frac{\begin{pmatrix} 営業活動による \\ キャッシュ・フローの小計 \end{pmatrix} + (利息・配当金の収入) - (利息の支払)}{(売上高)} \times 100\%$$

この比率は，本業の利益率と同じように10%以上が理想です。
　つまり，キャッシュ・フロー計算書のキャッシュ・フローによる持続可能利益率が10%以上なら，損益計算書の持続可能利益率よりも確実な資金に裏づけられた持続可能会社として理想的だということとなります。

　実際の例で見てみましょう。

```
実例1　F社（単位：百万円）
売上高：498,395
　　　　営業活動によるキャッシュ・フロー
　　　　　　　　～省略～
小　計　　　　　　　　　　　　　242,628
利息及び配当金の受取額　　　　　　4,495
利息の支払額　　　　　　　　　　　　―
　　　　　　　～省略～
営業活動によるキャッシュ・フロー　158,848
```

　F社のキャッシュ・フローによる持続可能利益率は，次の計算式で計算できます。

$$\frac{242,648^{*1)} + 4,495^{*2)}}{498,395^{*3)}} \times 100\% = 49.6\%$$

*1) 営業活動によるキャッシュ・フローの小計
*2) 利息及び配当金の受取額
*3) 売上高

　この結果，F社のキャッシュ・フローによる持続可能利益率は，理想の10%のほぼ5倍という率で現金預金等が増加していることがわかります。
　持続可能会社として大成功ということです。

それでは，逆に失敗のケースとしてS社のキャッシュ・フローを，次に掲げます。

```
実例2  S社（単位：千円）
売上高：23,773,061
           営業活動によるキャッシュ・フロー
                  〜省略〜
小　計                              △ 370,678
利息及び配当金の受取額                   7,236
利息の支払額                         △  16,375
                  〜省略〜
営業活動によるキャッシュ・フロー       △ 534,337
```

S社のキャッシュ・フローによる持続可能利益率は，次の計算式で計算します。

$$\frac{-370{,}678^{*1)}+7{,}236^{*2)}-16{,}375^{*3)}}{23{,}773{,}061^{*4)}} \times 100\% = -1.6\%$$

*1) 営業活動によるキャッシュ・フローの小計
*2) 利息及び配当金の受取額
*3) 利息の支払額
*4) 売上高

この結果，S社のキャッシュ・フローによる持続可能利益率は，マイナス1.6%という率で現金預金等が減少して，会社の持続可能に失敗していることがわかります。

第7章
拡大主義の会社の決算書

§1. トヨタに見る拡大主義

　筆者は，7年前にトヨタのような堅実な企業でも拡大主義を採っているところに懸念材料があると指摘しました。

　企業が巨大化していく場合でも，必ず限界があるものです。

　そこで真の健全経営は，あるところで量から質への経営転換を行わなければならないと考えられます。

　この転換点，すなわち分岐点はどこか。

　筆者は，これを自主・自立経営が達成された時点にあると考えます。

　自主・自立経営というのは，長期蓄積力比率が60％以上となって無借金経営が実現できる状態を言います。

　企業自体の力で（株主の力を借りずに）無借金経営になった時が，経営の転換点であると考えます。

　利益の蓄積を重ね長期蓄積力比率が，60％以上になって無借金経営が実現したことは，その企業の設立から今日までの経営力が強力であることを意味します。

　したがって，量的拡大を目指すよりも質的により優れた製品やサービスを提供することに，その中心が変わっていかなければならないのです。

質的充実に力点を置いた経営となることで，その企業のブランド力に一層の磨きがかかり，よりよい経営が実現するものと考えられます。

　無借金で高収益体質を維持することは，株主にとって，分配（配当）が多く（利益の蓄積を必要としないから），経営者や従業員も安定した報酬が得られることとなり，さらに顧客は質の良いサービスや製品を入手することができるようになります。

　そのために，成長のいずれかの時点で，拡大主義（量的経営）から不拡大主義（質的経営）への転換がはかられなければならないのです。

　中小企業には，100年の歴史を超えて不拡大主義で成功している例（26,000社以上）が少なくありません。

　規模の大小を問わず，今後の経営のあり方を示唆するものとして参考にすべきでしょう。身近な例でいえば，東京・神田の"やぶそば"などがその好例です。時代の進歩に合わせながら，伝統の味とサービスを提供している点では，不拡大主義の，まさに典型であるといえます。

　ここで長期蓄積力比率とは，次のような計算式で計算される指標です。

$$\frac{利益剰余金}{資産合計} \times 100\%$$

　この比率が60％以上になるとほとんどの会社が，無借金経営を実現させています。

　それでは，もう少し細かく10年間の財務数字で，トヨタの拡大主義を見てみましょう。

　トヨタの総資産の推移を見ると，10年間で19.4兆円増加しています（図表7-1）。その平均は年間1.9兆円の増加ということとなっています。

　これは，基本的には利益の蓄積を除けば，投資額の増加額と考えられます。ということは，トヨタは，拡大主義の会社であることが一目でわかります。

図表 7-1　トヨタの 10 年間の資産総額の推移と増減額

(単位：百万円)

年	総資産	増減額	増減率* (%)
2005（H17）	24,335,011	2,294,783	9.9
2006（H18）	28,731,595	4,396,584	16.6
2007（H19）	32,574,779	3,843,184	12.5
2008（H20）	32,458,320	△ 116,459	△ 0.4
2009（H21）	29,062,037	△ 3,396,283	△ 11.0
2010（H22）	30,349,287	1,287,250	4.3
2011（H23）	29,818,166	△ 531,121	△ 1.8
2012（H24）	30,650,965	832,799	2.8
2013（H25）	35,483,317	4,832,352	14.6
2014（H26）	41,437,473	5,954,156	15.5
合　　計	314,900,950	19,397,245	6.2

＊2 期間の平均総資産の増減率を意味します。

　トヨタの売上高は，この 10 年間に約 7 兆円増加し，リーマンショックの 2009 年を除いて，純利益を出しています。10 年間の売上高総計は，214,639,753 百万円です。これに対して 10 年間の当期純利益の総計は，9,154,894 百万円で年平均の当期純利益率は，4.3％ です（図表 7-2）。

　図表 7-3 からわかるように，トヨタはこの 10 年間で約 4 兆 8 千億円の莫大な利益を蓄積（利益剰余金の増加）しています。なお，図表 7-1 からわかるように，この 10 年間で総資産は 19.4 兆円増加していますので，この 4.8 兆円を差し引いても約 15 兆円の設備投資等を行っていることになるので，これは拡大主義と言ってよいでしょう。

　資産増加額が 19,397,245 百万円で，利益剰余金の増加額が 5,827,060 百万円で，この 10 年間の蓄積率は，24.7％ になります。このことは，利益の蓄積率が 2005 年の 38.3％ から 2014 年の 34.1％ に減っていることからもわかります（図表 7-4）。4.8 兆円の莫大な利益の積み立てがあっても，19.4 兆円の資産増加ですから，蓄積率は減っていくわけです。拡大主義の典型的な例がここにあります。

図表 7-2 トヨタの 10 年間の売上高の推移と当期純利益

(単位:百万円)

年	売上高	当期純利益	当期純利益率 (%)
2005 (H17)	18,551,526	1,171,260	6.3
2006 (H18)	21,036,909	1,372,180	6.5
2007 (H19)	23,948,091	1,644,032	6.9
2008 (H20)	26,289,240	1,717,879	6.5
2009 (H21)	20,529,570	△436,937	△2.1
2010 (H22)	18,950,973	209,456	1.1
2011 (H23)	18,993,688	408,183	2.1
2012 (H24)	18,583,653	283,559	1.5
2013 (H25)	22,064,192	962,163	4.4
2014 (H26)	25,691,911	1,823,119	7.1
合 計	214,639,753	9,154,894	4.3

図表 7-3 トヨタの利益剰余金増減額と増減率

(単位:百万円)

年	総資産 (2 期間平均)	利益剰余金	増減額	増減率 (%)
2005 (H17)	23,187,619	9,332,176	1,005,961	4.3
2006 (H18)	26,533,303	10,459,788	1,127,612	4.2
2007 (H19)	30,653,187	11,764,713	1,304,925	4.3
2008 (H20)	32,516,549	12,408,550	643,837	2.0
2009 (H21)	30,760,178	11,531,622	△876,928	△2.9
2010 (H22)	29,705,662	11,568,602	36,980	0.1
2011 (H23)	30,083,726	11,835,665	304,043	1.0
2012 (H24)	30,234,565	11,917,074	81,409	0.3
2013 (H25)	33,067,141	12,689,206	772,132	2.3
2014 (H26)	38,460,395	14,116,295	1,427,089	3.7
10 年間合計	305,202,325		5,827,060	1.9

図表 7-4　トヨタの利益剰余金と利益の蓄積率（長期蓄積力比率）

(単位：百万円)

年	総資産	利益剰余金	利益の蓄積率 （長期蓄積力比率）(％)
2005（H17）	24,335,011	9,332,176	38.3
2006（H18）	28,731,595	10,459,788	36.4
2007（H19）	32,574,779	11,764,713	36.1
2008（H20）	32,458,320	12,408,550	38.2
2009（H21）	29,062,037	11,531,622	39.7
2010（H22）	30,349,287	11,568,602	38.1
2011（H23）	29,818,166	11,835,665	39.7
2012（H24）	30,650,965	11,917,074	38.9
2013（H25）	35,483,317	12,689,206	35.8
2014（H26）	41,437,473	14,116,295	34.1

§2.　任天堂の失敗

1.　はじめに

　任天堂の場合は，一旦，財務・会計的に理想を達成しながら，戦略的に何もしなかった結果，赤字体質になった典型例といえます。
　会計戦略的には，損益計算書からいろいろなことが見えてきます。
　損益計算書の内訳は，以下のとおりです。

```
Ⅰ  売上高 ――――――――＞ １年間の売上総額で営業収益とも言う
Ⅱ  売上原価 ―――――――＞ 売上高に対応する商品の購入価額（費用）
Ⅲ  販売費及び一般管理費 ―＞ １年間の販売に関する費用，経営全般
                             に関する費用
Ⅳ  営業利益 ―――――――＞ １年間の本業の利益
Ⅴ  営業外収益 ―――――――＞ １年間の受取利息・配当金，有価証券
                             売却益など
Ⅵ  営業外費用 ―――――――＞ １年間の支払利息，有価証券評価損など
Ⅶ  経常利益 ―――――――＞ １年間の経営上の利益
Ⅷ  特別利益 ―――――――＞ １年間の異常な利益
Ⅸ  特別損失 ―――――――＞ １年間の異常な損失
Ⅹ  税引前当期純利益 ―――＞ １年間の税金を引く前の利益
Ⅺ  法人税等 ―――――――＞ １年間の法人税，住民税，事業税
Ⅻ  当期純利益 ――――――＞ １年間の経営活動に係る最終利益
```

　この中で，売上高，売上原価，販売費及び一般管理費，営業利益の営業損益計算区分は，利益剰余金の影響を受けません。

　Ⅴの営業外収益以下には，影響します。つまり，営業損益計算区分は，過去の業績が良かろうが悪かろうが関係なく，企業が１年間に真剣に取り組んだ戦略の結果がそれぞれにあらわれます。

　そう考えると，損益計算書構造で，最も大切なのは，この営業損益計算の構造にあるといえます。Ⅴの営業外収益以下の損益は，過去の業績の影響を受けますので改革するのに時間がかかります。ですから，改革の中心は，次のとおり売上高，売上原価，販売費及び一般管理費にあるのです。

```
Ⅰ  売上高（営業収益）
Ⅱ  売上原価
Ⅲ  販売費及び一般管理費
```

利益剰余金が大きい企業であれ，マイナスの企業であれ，最も中心となる戦略は，この営業損益計算構造にあると考えられます。なぜなら，この営業損益計算構造の利益率が高い企業ほど，利益剰余金の蓄積が大きくなるからです。図表6-1で前述したベスト20の会社の営業利益率を見ていただければ明らかなように，20社の営業利益率は，すべて理想の10%以上となっています。したがって，会計戦略（会計から考えた経営戦略）を考える場合，その中心となる短期の会計戦略の焦点は，営業利益計算構造を儲かる利益計算構造に構築するということとなります。

重要なことは，結果としてそうなるのではなく，目標としてそうなり，それを実現するところにあります。

これを，戦略マップで見ると，次のようになります。

```
Ⅰ   売上高（営業収益）    <——  マーケティング戦略
                              新製品・新商品開発戦略
                              研究開発戦略
                              新サービス開発戦略，その他の販売戦略
Ⅱ   売上原価             <—   コスト戦略
Ⅲ   販売費及び一般管理費   <—   コスト戦略
```

そこで，戦略的な考え方で見ていくと，売上高を上げるか，コストを下げるかの2つしかありません。

売上高は，マーケティング戦略を中心として，新製品・新商品開発戦略，研究開発戦略，新製品・新商品開発戦略，新サービス開発戦略，その他の販売戦略を駆使して，継続して営業利益率を10%以上に維持していくということとなります。

一方，コスト戦略は，売上原価戦略として，原材料から，加工，ないしは仕入れのコスト戦略をデザインし，販売費及び一般管理費については，これらを構成する各コスト・費目の発生を少なくとも5年間の推移の下で

（できれば，10年間）分析し，どの費目を削減するかの決定を中心として行っていきます。

　かつての日産のV字回復は，カルロス・ゴーン氏による，コスト戦略を中心として，売上原価と販売費及び一般管理費を2001年から2003年の2年間で約5％減少させ，営業利益率を約5％アップさせたことによります。この戦略でトヨタ，ホンダに追いつき，見事にV字回復を果たしたのです。なお売上戦略については，その当時2001年から2003年にかけてトヨタ，ホンダが強く，売上増加は難しい状況から売上については，維持戦略を中心としたものでした。

　このように，日々の営業損益計算構造に関する戦略は，最重要な戦略の中心であり，企業改革の中心ともなる戦略と言えます。

　これを怠ると，ここに掲げる任天堂のように，蓄積は大きくとも，営業損益がマイナスとなり衰退していくこととなります。

　これは，ひとえに経営者の責任に他なりません。

2. 任天堂の10年間の推移

　それでは，次に具体的な数字でこの10年間の推移を見ていくことにします。

　図表7-5の10年間の推移を見る限り，任天堂は資産の拡大主義とは言えません。

　売上高は，2009年の1兆8千380億円を頂点に激減していますが，当期純利益率は，2010年まで理想をはるかに超えた比率で推移しています。

　それが2012年から赤字に転じ，2012年から2014年までの3年間は2005年と2006年よりも，まだ売上高が大きいにもかかわらず大赤字となっています（図表7-6）。これはコスト戦略の失敗と考えられます。

　それでは，本業の利益である営業利益の推移を図表7-7で確認してみましょう。

図表 7-5　任天堂の 10 年間の資産総額の推移と増加額

(単位：百万円)

年	総資産	増減額
2005（H17）	1,132,492	
2006（H18）	1,160,703	28,211
2007（H19）	1,575,597	414,894
2008（H20）	1,802,490	226,893
2009（H21）	1,810,767	8,277
2010（H22）	1,760,986	△ 49,781
2011（H23）	1,634,297	△ 126,689
2012（H24）	1,368,401	△ 265,896
2013（H25）	1,447,878	79,477
2014（H26）	1,306,410	△ 141,468

図表 7-6　任天堂の 10 年間の売上高の推移と当期純利益

(単位：百万円)

年	売上高	当期純利益	当期純利益率（％）
2005（H17）	515,292	87,416	17.0
2006（H18）	509,249	98,378	19.3
2007（H19）	966,534	174,290	18.0
2008（H20）	1,672,423	257,342	15.4
2009（H21）	1,838,622	279,089	15.2
2010（H22）	1,434,365	228,635	15.9
2011（H23）	1,014,345	77,621	7.7
2012（H24）	647,652	△ 43,204	△ 6.7
2013（H25）	635,422	7,099	1.1
2014（H26）	571,726	△ 23,222	△ 4.1

　営業利益率は，2005 年～2011 年まで 10% をはるかに超え，理想的な状態にありましたが，経営戦略がなかったため 2012 年～2014 年までの 3 年間は大きな営業赤字となっています。

　ヒット商品から，売上が増大し，2009 年には，2005 年の 3.8 倍となったものの，その経営の傲慢さと油断から，本業の戦略を怠って，その 3 年

図表 7-7　任天堂の 10 年間の売上高と営業利益

(単位：百万円)

年	売上高	基準年比 (%)	営業利益	営業利益率 (%)
2005 (H17)	515,292	100.0	111,522	21.6
2006 (H18)	509,249	98.8	90,349	17.7
2007 (H19)	966,534	187.6	226,024	23.4
2008 (H20)	1,672,423	324.6	487,220	29.1
2009 (H21)	1,838,622	356.8	555,263	30.2
2010 (H22)	1,434,365	278.4	356,567	24.9
2011 (H23)	1,014,345	196.8	171,076	16.9
2012 (H24)	647,652	125.7	△ 37,320	△ 5.8
2013 (H25)	635,422	123.3	△ 36,410	△ 5.7
2014 (H26)	571,726	111.0	△ 46,425	△ 8.1

　後から本業の損失である営業損失となり，3 年続けて営業赤字となったのです。そしてまた，2012 年から販売戦略を全くせず，売上の激減からコスト戦略にも失敗したことがわかります。なぜなら，2005 年と 2006 年の売上よりも 2012 年，2013 年，2014 年の売上が多いにもかかわらず，3 年連続本業の営業利益がマイナスとなっているからです。2010 年頃から携帯やそして近年のスマホでは，無料でゲームが楽しめるようになり，これに対応する戦略が行われていなかったことが大きな原因と言えます。

　この会社の沿革を見ると 2006 年 7 月に韓国に現地法人の連結子会社を設立した後，8 年間，何にもしていなかったことが明らかです。つまり，2007 年から 3 年間売上が倍々ゲームで拡大して，それがこのまま続くと考えたのではないでしょうか。経営者のこういう油断が現在の苦境を招いたのです。

　これは，ある意味で拡大主義と判断してよいと考えられます。

　次に，利益剰余金とその蓄積率とキャッシュ・フロー（現金及び現金同等物）期末残高等との関係から戦略的な判断をしてみたいと思います。

　図表 7-8 からも明らかなように利益剰余金蓄積率の 10 年間の推移から，

図表 7-8　任天堂の利益剰余金と利益の蓄積率（長期蓄積力比率）

（単位：百万円）

年	総資産	利益剰余金	利益の蓄積率（％）	1株当たり配当金（円）
2005（H17）	1,132,492	1,032,834	91.2	270
2006（H18）	1,160,703	1,096,073	94.4	390
2007（H19）	1,575,597	1,220,293	77.4	690
2008（H20）	1,802,490	1,380,430	76.6	1,260
2009（H21）	1,810,767	1,432,958	79.1	1,440
2010（H22）	1,760,986	1,527,315	86.7	930
2011（H23）	1,634,297	1,502,631	91.9	450
2012（H24）	1,368,401	1,419,784	103.8	100
2013（H25）	1,447,878	1,414,095	97.7	100
2014（H26）	1,306,410	1,378,085	105.5	100

完全な無借金経営（有利子負債 0）であることがわかります。2007 年から，2008 年，2009 年と蓄積率が 70～80％台となっているのは，この 3 年間は，配当金が一株当たり，2007 年 690 円，2008 年 1,260 円，2009 年 1,440 円という高配当改革をとったことで利益剰余金が減少したことによります。このこと自体は，正常で，健全な状態といえます。ところが，営業利益や当期純利益，そして利益剰余金が十分にあるにもかかわらず配当金を減らし，2012 年から 1 株当たり配当金を 100 円としたため，利益の蓄積率が異常に高くなって 90％から 100％台という蓄積率となってしまっているわけです。

　この点もこの会社だけでなく日本の会社の欠陥といってもよいのですが，利益剰余金が配当金の源泉であることを知ってか知らずか，間違った配当政策（後述）をしているわけです。

　利益の蓄積で無借金経営が実現し，将来の研究開発や進化のための準備が行われていれば，それ以上利益の蓄積は必要でなく，まず配当を増やすことが株主への還元となります。

　日本の上場会社 3,541 社（2014 年時点）のうち，実質無借金経営を実現

している会社は 350 社ほどあります。

　これらの会社は，もっともっと増配すべきであって，そうすれば ROE などという間違った比率が横行することもなくなります。

3. 配当金の真の源泉

　配当金の源泉は何かというと，利益の蓄積額である利益剰余金です。

　決して当期純利益ではありません。ですから当期純利益を配当源泉とする配当性向 $\left(\dfrac{配当金}{当期純利益} \times 100\%\right)$ は，間違った計算式です。

　利益剰余金は，その会社の設立から今日までの，長い間の儲けの中から蓄積されてきた利益の合計額です。

　利益剰余金は，現時点で会社を解散した場合に，株主に分配しなければならないもので，現時点での配当総額です。もちろん，実際には，すべての資産を処分したあとの現金預金という意味合いです。

　現実に株式の配当に使われる源泉は，「利益剰余金」，「次年度の予想当期純利益」，そして「その他の資本剰余金」の 3 つです。

　そのうち，その他の資本剰余金は，その本質において利益の分配ではなく資本の払い戻しですので，純粋な意味での配当源泉は，「利益剰余金」と「次年度の予想当期純利益」となります。

　繰り返しになりますが利益剰余金は，その会社が設立されてから今日までの利益の蓄積額を示しています。同時に，その会社が，いま解散したら株主に分配される金額でもあります。もちろん，会社は解散しないことを前提としているので（継続企業の前提，企業の持続可能性），実際にその全部というのではなく，さらに会社の成長や進化，そして維持発展に必要な内部留保（利益剰余金）は，法的に可能であっても，その全部を配当することは現実的ではありません。かつてアメリカのマイクロソフトは，5 兆円の現金預金を分配し，利益剰余金がマイナスとなったことがあります

が，これは特殊な例で蓄積をしないアメリカらしいやり方です。

　規模に差のある会社間の優劣を比べるには，「1 株当たり利益剰余金」がわかりやすい指標です。文字通り株式 1 株に対してどれだけの利益が蓄積されているかという数字ですから，規模の大小に影響されることはないのです。

　さらに，その会社の過去の業績（特に利益）の蓄積を示すのは利益剰余金ですが，その年度の最終業績を示すのは当期純利益です。ただ，その年度の当期純利益は，利益剰余金に振り替えられていますから，次年度の配当金の決定は，次年度の予想当期純利益に影響されます。ただ企業規模の大小に影響されずに判断するためには，「次年度の予想 1 株当たり当期純利益」という考え方が有効になります。特に，「次年度の予想 1 株当たり当期純利益」は，基本となる「1 株当たり利益剰余金」とともに，配当金決定の大きな要因です。配当の源泉は，「1 株当たり利益剰余金」と「次年度の予想 1 株当たり当期純利益」ということになるわけです。

　有価証券とは，1 年以内に売却する上場会社の株式を意味しますので，現金預金と同じといえます。

　図表 7-9 から 2008 年には，最大 1 兆 4,566 億円の現金預金（現金及び現金同等物＋有価証券）があったということになりますので，この時点で携帯やスマホに対する無料ゲームへの参入戦略が必要であったと考えらえます。つまり，余裕の資金で，携帯会社やスマホ会社を買収するとか，状況に応じた戦略が必須であったのです。

　任天堂は，結局，ヒット商品の驕りから売上が増大し，利益の蓄積も理想をはるかに超え，貯めすぎと同時に本業の利益も，純利益も理想を超える状態から，油断をし，営業損益計算区分の戦略を怠った為，営業赤字に陥ったのです。財務・会計戦略的に考えますとヒット商品に恵まれ，これにあぐらをかき，戦略を怠って失敗した典型的な例といえます。

図表 7-9　任天堂の現金及び現金同等物の10年間の推移

(単位：百万円)

年	現金及び現金同等物	有価証券
2005（H17）	792,727	20,485
2006（H18）	617,139	64,287
2007（H19）	688,737	115,971
2008（H20）	1,103,542	353,070
2009（H21）	894,129	463,947
2010（H22）	931,333	365,326
2011（H23）	724,366	358,206
2012（H24）	407,186	496,301
2013（H25）	469,395	424,540
2014（H26）	341,266	320,918

§3. さが美に見る拡大主義

　和装小売のトップ企業であった「さが美」は，拡大主義が災いして大赤字企業に転落した典型的な例です。和装業界の小売業においてNC（全国規模のチエーンストア網の小売業）として活動し，業界での雄であった「さが美」の13年間の決算数字の推移を，以下に見ていくことにします。
　図表7-10の推移を見ると，さが美は資産の拡大主義というより，連続的な損失の影響で総資産は減少の一途をたどりますが，2004年（平成15年）には，71億円強の資産が増加しています。これは，「東京ますいわ屋」の買収によって増加したもので，ここに拡大主義の考え方が垣間見えます。
　また，2005年12月に「すずのき」を買収し，2008年に売却しています。
　拡大主義であるというのは，2003年（平成17年）に「東京ますいわ屋」を買収し，100億円近くの売上高を増加させ，2004年には，同じ呉服

図表 7-10　さが美の 13 年間の資産総額の推移と増加額

(単位：千円)

年	総資産額	増減額
2002（H14）	51,168,720	
2003（H15）	48,965,242	△ 2,203,478
2004（H16）	56,147,029	7,181,787
2005（H17）	55,382,617	△ 764,412
2006（H18）	51,177,559	△ 4,205,058
2007（H19）	47,171,510	△ 4,006,049
2008（H20）	36,265,471	△ 10,906,039
2009（H21）	21,564,303	△ 14,701,168
2010（H22）	17,250,340	△ 4,313,963
2011（H23）	15,828,409	△ 1,421,931
2012（H24）	14,600,264	△ 1,228,145
2013（H25）	13,210,579	△ 1,389,685
2014（H26）	13,324,927	114,348

図表 7-11　さが美の 13 年間の売上高の推移と当期純利益

(単位：千円)

年	売上高	当期純利益	当期純利益率（％）
2002（H14）	56,051,564	△ 4,313,875	△ 7.7
2003（H15）	55,833,812	323,876	0.6
2004（H16）	61,163,532	292,381	0.5
2005（H17）	64,127,225	180,935	0.3
2006（H18）	63,082,625	476,788	0.8
2007（H19）	66,526,520	△ 5,165,203	△ 7.8
2008（H20）	57,205,966	△ 12,069,267	△ 21.1
2009（H21）	45,124,091	324,436	0.7
2010（H22）	34,304,175	△ 108,334	△ 0.3
2011（H23）	29,477,614	△ 25,526	△ 0.1
2012（H24）	25,759,250	△ 824,523	△ 3.2
2013（H25）	23,773,061	△ 971,805	△ 4.1
2014（H26）	22,646,131	△ 810,499	△ 3.6

図表 7-12　さが美の 10 年間の売上高と営業利益

(単位：千円)

年	売上高	基準年比 (%)	営業利益	営業利益率 (%)
2005（H17）	64,127,225	100.0	630,990	1.0
2006（H18）	63,082,625	98.4	341,173	0.5
2007（H19）	66,526,520	103.7	△ 994,868	△ 1.5
2008（H20）	57,205,966	89.2	△ 1,658,390	△ 2.9
2009（H21）	45,124,091	70.4	343,328	0.8
2010（H22）	34,304,175	53.5	256,354	0.7
2011（H23）	29,477,614	46.0	155,857	0.5
2012（H24）	25,759,250	40.2	△ 310,282	△ 1.2
2013（H25）	23,773,061	37.1	△ 573,800	△ 2.4
2014（H26）	22,646,131	35.3	△ 387,218	△ 1.7

　専門店「ゆう苑」を買収，2005 年には「すずのき」を買収ということで，売上を拡大し，2007 年に 665 億円の最高売上を達成したものの，コスト戦略に失敗し，その後，連続して赤字となったことで明らかです。

　当期純利益は 13 年間のうち，8 年間が損失で，これによって利益剰余金はマイナスとなり，危険領域に入ります（図表 7-11）。

　売上高は，買収によって一時的に増加したものの 2009 年から減少に転じ，2014 年には 10 年前の 3 分の 1 に激減しています（図表 7-12）。

　買収を機に，売上高は増加したものの，コスト戦略の失敗から（特に人件費）営業利益は損失に転じ，その後は本業が振るわず，連続的に営業赤字に転じています。問題は，営業黒字の年も無理に黒字にしている感がします。つまり，コスト戦略をしていない可能性が高いのです。

　それでは，10 年間の利益剰余金の推移を図表 7-13 でみてみましょう。

　連続赤字の結果として，利益剰余金は，2008 年からマイナスに転じ，倒産寸前の －36.5％ まで悪化したのです。

　2013 年のマイナスの減少は，資本剰余金（株主の出資金）との相殺で減少したもので純資産は全く変わりなく状況も改善していません。

図表 7-13　さが美の利益剰余金と利益の蓄積率：長期蓄積力比率

(単位：千円)

年	総資産	利益剰余金	利益の蓄積率（％）
2005（H17）	55,382,617	12,397,461	22.4
2006（H18）	51,177,559	11,757,881	23.0
2007（H19）	47,171,510	5,383,426	11.4
2008（H20）	36,265,471	△ 7,422,315	△ 17.0
2009（H21）	21,564,303	△ 7,276,048	△ 25.2
2010（H22）	17,250,340	△ 7,552,988	△ 30.4
2011（H23）	15,828,409	△ 7,578,514	△ 32.4
2012（H24）	14,600,264	△ 8,403,037	△ 36.5
2013（H25）	13,210,579	△ 1,175,408	△ 8.2
2014（H26）	13,324,927	△ 1,985,908	△ 13.0

　結局，この会社は，業種業態が強烈な衰退業種にもかかわらず，売上の拡大主義を採用した結果であり，特に3件の買収に際して，人件費が増加し，これを含めてコスト戦略が行われておらず，赤字体質のコスト体質が改善されず，特に，第6章92～96ページに見ましたように，その会社の経営目的の活動から生じる損益である営業損益計算区分について財務・会計戦略が行われていないことに，経営危機に陥る大きな要因があります。これも，経営者の戦略的な失敗がなせる業といえます。

§4. ソニーに見る拡大主義

　トヨタと同様に世界的に知られている日本企業と言えば，ソニーでしょう。そのブランド名は，世界に知れわたっていますが，筆者は，20年以上前から，財務・会計戦略的には，そのブランド名にふさわしくない内容であると考えていましたが，案の定，大変な苦境に立っています。

図表 7-14　ソニーの 10 年間の資産総額の推移と増減額

(単位：百万円)

年	総資産	増減額 (%)
2005 (H17)	9,499,100	
2006 (H18)	10,607,753	1,108,653
2007 (H19)	11,716,362	1,108,609
2008 (H20)	12,552,739	836,377
2009 (H21)	12,013,511	△539,228
2010 (H22)	12,865,563	852,052
2011 (H23)	12,914,573	49,010
2012 (H24)	13,299,691	385,118
2013 (H25)	14,211,033	911,342
2014 (H26)	15,333,720	1,122,687

図表 7-15　ソニーの 10 年間の売上高の推移と当期純利益

(単位：百万円)

年	売上高	基準年比 (%)	当期純利益	当期純利益率 (%)
2005 (H17)	7,191,325	100.0	163,838	2.3
2006 (H18)	7,510,597	104.4	123,616	1.6
2007 (H19)	8,295,695	115.4	126,328	1.5
2008 (H20)	8,871,414	123.4	369,435	4.2
2009 (H21)	7,729,993	107.5	△98,938	△1.3
2010 (H22)	7,209,849	100.3	△42,359	△0.6
2011 (H23)	7,177,589	99.8	△261,261	△3.6
2012 (H24)	6,493,083	90.3	△455,038	△7.0
2013 (H25)	6,795,504	94.5	41,540	0.6
2014 (H26)	7,767,266	108.0	△128,369	△1.7

　すなわちこの 10 年間で，6 兆円弱の資産が増加し，1.6 倍に拡大しているのですが，売上高は 10 年前と変わりません。

　つまり拡大主義の典型と考えられるわけです (図表 7-14)。

　図表 7-15 でわかるように売上高は，2008 年が 2005 年の 1.2 倍強で頂点となり，その後，減少に転じています。資産増加 (設備投資の増加と考え

図表 7-16　ソニーの 10 年間の売上高と営業利益

(単位:百万円)

年	売上高	基準年比（%）	営業利益	営業利益率（%）
2005（H17）	7,191,325	100.0	113,919	1.6
2006（H18）	7,510,597	104.4	191,255	2.5
2007（H19）	8,295,695	115.4	71,750	0.9
2008（H20）	8,871,414	123.4	374,482	4.2
2009（H21）	7,729,993	107.5	△227,783	△2.9
2010（H22）	7,209,849	100.3	31,772	0.4
2011（H23）	7,177,589	99.8	199,821	2.8
2012（H24）	6,493,083	90.3	△67,275	△1.0
2013（H25）	6,795,504	94.5	226,503	3.3
2014（H26）	7,767,266	108.0	26,495	0.3

図表 7-17　ソニーの利益剰余金と利益の蓄積率（長期蓄積力比率）

(単位:百万円)

年	総資産	利益剰余金	利益の蓄積率（%）	借入金
2005（H17）	9,499,100	1,506,082	15.9	909,258
2006（H18）	10,607,753	1,602,650	15.1	1,101,219
2007（H19）	11,716,362	1,719,506	14.7	1,096,466
2008（H20）	12,552,739	2,059,361	16.4	1,084,162
2009（H21）	12,013,511	1,916,951	16.0	1,111,302
2010（H22）	12,865,563	1,851,004	14.4	1,208,814
2011（H23）	12,914,573	1,566,274	12.1	975,586
2012（H24）	13,299,691	1,084,462	8.2	1,172,587
2013（H25）	14,211,033	1,094,775	7.7	1,182,610
2014（H26）	15,333,720	940,262	6.1	1,294,402

られます）の割に，売上が減少し，純利益率もマイナス基調となっています。明らかに拡大主義の失敗と考えられます。次に図表 7-16 で，本業の利益である営業利益の推移を見ることにします。

　本業の利益である営業利益率は低調で，10 年間の平均は 1.6% です。理想となる 10% にはるかに届かず，ブランドの割には，業績は低迷してい

ます。会社の規模が大きくなり過ぎて，名前負けしているというのが財務・会計面からみた評価です。

そこで，次に過去の実績を示す利益の蓄積率を図表7-17に示します。

2013年の上場会社3,548社の利益の蓄積率の平均は25.4%ですから，ソニーの数字は極めて低い蓄積率であることがわかります。

この表には掲載されていませんが，実はソニーの借入金は，この10年間で1.4倍に増えています。

資産の増加は，1.6倍ですから，借金で資産が増加していることがわかります。

なお，ソニー銀行をはじめとする金融業におけるお客様からの預り金は2.6倍に増加していますので，資産増加は借金によるものと判断されます。

世界的な競争の激化から拡大主義にも限界が来ますので，将来的には極めて苦しい状況となることが予想されます。

第8章
老舗・長寿企業の規模

§1. 老舗・長寿企業は，そのほとんどが中小企業

　帝国データバンクによれば，2013年8月時点のデータを利用したところ，日本には，144万社の企業検索ファイルの中で，100年以上の「長寿企業」は，26,144社あるとされています。

　東京商工リサーチは，「全国老舗企業調査（2012年）」の結果を27,441社と発表しています。

図表 8-1　100年以上の長寿企業数（2012年度）

年　　数	企業数（社）
100年以上企業	27,441
100年以上 200年未満	24,924
200年以上 300年未満	835
300年以上 400年未満	582
400年以上 500年未満	942 ＊
500年以上	158

＊筆者の推定による。
出所：東京商工リサーチ調べ。

また，韓国銀行の 2008 年 5 月発表によると世界で創業 200 年以上の企業は，5,518 社（合計 41 カ国）で，そのうち日本が 3,146 社で圧倒的トップ，ついでドイツが 837 社，オランダ 222 社，フランスが 196 社です[*]。

なお前述した帝国データバンクの実態調査による調査結果の要旨を見ると，次のとおりです。

調査結果（要旨）
1 業歴が 100 年以上の「長寿企業」は，26,144 社と判明した。このうち，2013 年に新たに「長寿企業」の仲間入りを果たしたのは，1,410 社。
2 業種別にみると，最も多かったのは「清酒製造」で 707 社と判明した。以下，「貸事務所業」（613 社），「酒小売」（596 社）と続くほか，「呉服・服地小売」，「婦人・子供衣服」など消費財関連の小売業が目立つ。
3 規模別にみると，「従業員 10 人未満」が 16,287 社で 62.3%，「年商 10 億円未満」が 21,431 社で 82.0% と，比較的小規模な企業の割合が大きい。
4 明治時代以降（1868 年以降）の創業は，23,384 社で 89.4% を占めた。江戸開府前（1602 年以前）の創業は 141 社。
5 都道府県別の「長寿企業輩出率」を見ると，「京都府」の 3.96% が最高。以下，「山形県」（3.72%），「島根県」（3.60%），「新潟県」（3.58%）がこれに続く。

以上のように，老舗・長寿企業のほとんどは，中小会社であることがわかります。

したがって，老舗・長寿企業の特徴の 1 つとして，会社規模が関係して

---

[*] 別のデータも紹介します。〈http:www.insightnow.jp/article/358〉によると，創業 200 年以上の会社が日本には 3,100 社存在しているということです。世界全体総数の 40% を占めています。国別にみるとドイツ 800 社，オランダ 200 社，アメリカ 14 社，中国 9 社，台湾 7 社，インド 3 社，となるそうです。韓国銀行の調査に比べて概算の数字となっています。

いることは明らかです。帝国データバンクの規模別分析を見ると，大部分が中小・中堅規模の企業と言われています。以下，まとめると次のとおりです。

[従業員数別構成比]
- 100人未満　24,125社　92.3%
- 100人以上　 2,019社　 7.7%
- 合　計　　26,144社　100%

⇒全体の92%強が中小会社であることがわかります。

[年商別構成比]
- 10億円未満　21,431社　82.0%
- 50億円未満　 2,988社　11.4%
- 50億円以上　 1,725社　 6.6%
- 合　計　　 26,144社　100%

⇒全体の93%強が中小・中堅会社であることがわかります。

[資本金別構成比]
- 個人経営　　 2,933社　11.2%
- 1億円未満　21,310社　81.5%
- 1億円以上　 1,901社　 7.3%
- 合　計　　 26,144社　100%

⇒全体の92%強が中小・中堅会社であることがわかります。

このような状況から見ても，老舗・長寿企業の90%以上が中小・中堅会社であることがわかります。

以上のことから長寿企業になるには，その企業の規模と大きく関わりがあることがわかります。

§2. 実態調査から見た老舗・長寿企業になるための最適規模

　上述の帝国データバンクの資料を詳細に検討分析すると，さらに老舗・長寿企業の実態が明らかとなります。

① 従業員別構成比からわかること

(従業員数)	(企業数)	(構成比)
10人未満	16,287社	62.3%
10人以上50人未満	6,460社	24.7%
合　計	22,747社	87.0%

　従業員数50人未満の企業が，全体の87%を占めています。

② 年商別構成比からわかること

(年商)	(企業数)	(構成比)
10億円未満	21,431社	82.0%

　年商が10億円未満の企業が，全体の82%を占めています。

③ 資本金別構成比からわかること

(資本金)	(企業数)	(構成比)
個人経営	2,933社	11.2%
1,000万円未満	6,275社	24.0%
1,000万円以上5,000万円未満	13,565社	51.9%
合　計	22,773社	87.1%

　資本金が5,000万円未満の企業が，全体の87.1%を占めています。

以上のことから，**資本金は5,000万円未満の会社で，従業員数は10人未満ないしは50人未満で，年商10億円未満の会社が**，100年以上の長寿企業になりやすいということが明らかとなります。

つまり，拡大企業は，ほとんど企業長寿になりにくく，30年ぐらいから90年くらいしか生きられないということが予測できます。

ちなみに老舗・長寿企業を業種別にみると，清酒製造業が763社，旅館・ホテル624社，呉服・服地小売業598社，酒小売業539社，貸事務所業532社，建設工事業488社，他に分類されないその他の卸売業468社，土木工事業429社，ガソリンスタンド399社，酒類卸売業377社となっています（東京商工リサーチ2014年調べ）。

産業別では，製造業が26.6%，卸売業が23.5%，小売業が23.3%，サービス業他が10.3%，建設業が9.4%，不動産業が3.5%，その他が3.4%ということです。

それでは，次に200年以上続く大企業（上場会社を中心として）を挙げると，以下のようになります。

---

①西川産業（1566年），②松井建設（1586年），③住友金属鉱山（1590年），④養命酒製造（1602年），⑤竹中工務店（1610年），⑥松坂屋（1611年），⑦東急百貨店（1662年），⑧三越（1673年），⑨大丸（1717年），⑩武田薬品工業（1781年），⑪鈴与グループ（1801年），⑫イオン（1758年），⑬ツカモトコーポレーション（1812年）

このほか，有名な企業として，虎屋（1526年），外与（1700年），にんべん（1698年），中北薬品（1726年），福田金属（1700年），龍角散（江戸中期），ミツカン（1804年）などがあります。

なお，東京商工リサーチの調査による老舗上場企業の業歴ランキングを図表8-2に掲げましたので，参考にして下さい。

図表 8-2　老舗上場企業の業歴ランキング

(単位：百万円)

創業年	会社名	市場	売上高
1586	松井建設	東証1部	85,109 (15/3)*
1590	住友金属鉱山	東証1部	921,334 (15/3)
1602	養命酒製造	東証1部	13,149 (15/3)
1611	Jフロントリテイリング	東証1部	1,149,529 (15/2)
1615	丸栄	東証1部	22,715 (15/2)
1653	小津産業	東証2部	39,242 (14/5)
1658	大木	JASDAQ	187,765 (15/3)
1666	ユアサ商事	東証1部	441,723 (15/3)
1669	岡谷鋼機	名古屋上場	816,828 (15/3)
1673	三井不動産	東証1部	1,529,036 (15/3)
1673	三越伊勢丹HD	東証1部	1,272,130 (15/3)
1812	ツカモトコーポレーション	東証1部	27,251 (15/3)

*(　)内の数字15/3は2015年3月決算を意味する。

第9章
ケースで見る老舗・長寿企業の財務・会計戦略

§1. 老舗・長寿企業の実例

　本章では，老舗・長寿企業の実例から財務・会計戦略に視点をあててその成功要因を分析してみましょう。

1. 松井建設

　1586年創業，400年以上の会社で，沿革には次のように記載されています。

　「当社は，現会長16代の祖，角右衛門が天正14年（1586年）前田利長公（加賀藩第2代）の命を受け，越中守山城の普請に従事し，引続き藩公に奉仕して，各種造営を担当，功により居を井波郷に賜わり，爾来この地を本拠として代々神社，仏閣の造営を専業とした長い伝統を基とし，大正11年15代松井角平が家業を継承するに及んで，業種を広く一般建築に拡張，大正12年本拠を東京に移し，～省略～」

　松井建設のここ10年間（2005年～2014年まで）の業績は，図表9-1のとおりです。

① この10年間,本業の利益である営業利益率は,平均1.3%で理想と比べると低いものです。
② 建設業ということもあるのですが,損益計算書の年度の最終利益である当期純利益は,2010年の当期純損失を除き,僅少ですが利益を計上し続けています。

図表9-1 松井建設の10年間の財務指標

(単位:千円)

年	総資産額	利益剰余金 (蓄積率(%))	売上高 (基準年比(%))	営業利益 (営業利益率(%))	当期純利益 (純利益率(%))
2005 (H17)	66,632,665	14,694,603 (22.1)	79,829,518 (100)	1,466,672 (1.8)	1,885,329 (2.4)
2006 (H18)	70,687,456	15,515,942 (22.0)	85,241,048 (106.8)	1,837,692 (2.2)	946,855 (1.1)
2007 (H19)	68,789,745	15,899,702 (23.1)	87,699,825 (109.8)	1,622,955 (1.9)	815,748 (0.9)
2008 (H20)	65,152,944	16,028,955 (24.6)	85,652,082 (107.3)	714,282 (0.8)	465,147 (0.5)
2009 (H21)	68,318,733	16,005,385 (23.4)	73,901,632 (92.6)	576,686 (0.8)	282,626 (0.4)
2010 (H22)	55,793,248	15,110,613 (27.1)	78,145,005 (97.9)	865,334 (1.1)	△619,845 (−0.8)
2011 (H23)	49,577,382	15,106,280 (30.5)	74,865,002 (93.8)	492,384 (0.7)	240,080 (0.3)
2012 (H24)	49,308,590	15,223,579 (30.9)	71,847,593 (90.0)	903,539 (1.3)	361,669 (0.5)
2013 (H25)	50,153,159	15,600,749 (31.1)	77,772,642 (97.4)	594,237 (0.8)	621,407 (0.8)
2014 (H26)	55,197,336	16,203,757 (29.4)	78,529,724 (98.4)	1,620,690 (2.1)	847,225 (1.1)

(注) 基準年比は,2005年の売上高を100%とした推移です。

③　利益の蓄積率は，ここ5年間は，2013年の上場会社3,548社の平均値25.4%を5%ほど超えています。
④　この会社は，2012年から金利のかかる借金（有利子負債）がなくなりました。これは，長期工事の受入金である未成工事受入金で受け入れた現金預金で金利のかかる借金を払ったものと考えられます。これによって金利の支払いは，2005年の72百万円から26百万円に激減しています。

2.　養命酒製造

1602年創業，400年以上の会社で，沿革には次のように記載されています。
「大正12年6月株式会社天龍館設立，300年余にわたり信州伊那の谷・塩沢家に受け継がれてきた養命酒の事業を継承」

養命酒製造のここ10年間（2005年～2014年）の業績は，次のとおりです（図表9-2）。

①　この会社の利益の蓄積率は，非常に高く，理想の60%をはるかに超えて，ここ10年間は85.4%から94.3%という高い比率で推移しており，貯めすぎであって，少なくとも，もっと株主に還元すべきです。なぜ，こういう風になるかというと，配当性向という間違った比率で配当を考えているからです。真に正しい配当の仕方については後述します。この会社の10年間の配当性向は，次のとおりです。

年	2005	2006	2007	2008	2009	2010	2011	2012	2013	2014
配当性向 (%)	59.8	68.0	30.6	34.4	33.0	52.2	76.6	62.0	43.5	32.0

この配当性向という比率は，次のような比率です。

$$\frac{配当金}{当期純利益} \times 100\%$$

ですから，利益の蓄積率と関係なく，配当されることとなります。なお，利益の蓄積，すなわち利益剰余金は，株主への配当と損失の穴埋めにしか使えません。
② 売上高は，ここ10年間で10%から20%程度減少しています。
③ 営業利益率は，10年間の平均は，13.1%と理想の10%を超えています。10年間のうち10%を割ったのは，2005年（8.5%），2006年

図表9-2　養命酒の10年間の財務指標

(単位：千円)

年	総資産額	利益剰余金 （蓄積率(%)）	売上高 （基準年比(%)）	営業利益 （営業利益率(%)）	当期純利益 （純利益率(%)）
2005 (H17)	35,184,622	26,152,426 (74.3)	15,015,722 (100.0)	1,269,782 (8.5)	818,796 (5.5)
2006 (H18)	42,131,718	26,360,118 (62.6)	13,636,470 (90.8)	912,873 (6.7)	711,769 (5.2)
2007 (H19)	39,209,871	27,666,044 (70.6)	12,827,234 (85.4)	2,156,416 (16.8)	1,796,657 (14.0)
2008 (H20)	36,938,131	28,787,171 (77.9)	13,556,466 (90.3)	2,601,623 (19.2)	1,662,442 (12.3)
2009 (H21)	34,925,229	29,945,190 (85.7)	13,734,984 (91.5)	2,351,515 (17.1)	1,728,776 (12.6)
2010 (H22)	33,867,865	30,447,444 (89.9)	12,323,501 (82.1)	1,607,229 (13.0)	1,071,129 (8.7)
2011 (H23)	32,445,832	30,612,497 (94.3)	11,640,674 (77.5)	821,184 (7.1)	705,928 (6.1)
2012 (H24)	34,081,155	30,943,343 (90.8)	11,589,021 (77.2)	1,363,749 (11.8)	871,687 (7.5)
2013 (H25)	36,674,600	31,645,365 (86.3)	12,052,507 (80.3)	1,704,770 (14.1)	1,242,808 (10.3)
2014 (H26)	37,058,528	32,755,411 (88.4)	12,968,246 (86.4)	2,203,498 (17.0)	1,650,803 (12.7)

(6.7％) と 2011 年 (7.1％) の 3 年間だけです。
④　当期純利益率も営業利益率 10％ 以上を前提として理想の 5％ 以上をはるかに超え，10 年間平均で 9.5％ です。
⑤　以上の数値から養命酒製造は，売上減少に歯止めをかければ，長寿企業を続けていけると考えられます。
⑥　なお，養命酒製造は，2006 年 4 月に大正製薬と業務提携しています。大正製薬は，養命酒製造の株式を 20％ 保有している大株主です。
⑦　ちなみに 2014 年の配当利回りは，2.01％ と低くなっています。

3.　武田薬品工業

1781 年創業，230 年以上の会社で，沿革には「天明元年 (1781 年) 6 月　当社創業，薬種商を開業」「明治 4 年 (1871 年) 5 月　洋薬の輸入買付を開始」「大正 3 年 (1914 年) 8 月　武田研究部を設置」と記載されています。

武田薬品工業のここ 10 年間 (2005 年〜2014 年まで) の業績は，次のとおりです (図表 9-3)。
①　拡大主義を採ると利益の蓄積率が，どんどん下がっていく典型例です。
②　2005 年から 2011 年までは，総資産が 2.5 兆円から 2.7 兆円ぐらいであったものが 2012 年から拡大主義に転じています。
③　2011 年 9 月からスイスのナイコメッド社を手始めに 5 社の買収を行い，総資産額で約 1 兆 5 十億強の投資を行っています。
④　その結果，2014 年には総資産額は 10 年前に比べて 1.5 倍に増加しています。
⑤　そのため逆に，利益の蓄積率は，72.1％ から 41.6％ に激減しています。
⑥　営業利益率も，2005 年が 34.3％ と理想をはるかに超えていたにもかかわらず，2014 年には，8.2％ (ただし，IFRS の数値) に激減して

います。
⑦ この結果，当期純利益率も2005年の24.7%という驚異的な数値から2014年は6.5%（ただし，IFRSの数値）となっています。
⑧ 2011年からの巨額投資が，今後どのような形で利益に反映されるかが大きな注目点です。

図表9-3　武田薬品の10年間の財務指標

(単位：百万円)

年	総資産額	利益剰余金 （蓄積率(%)）	売上高 （基準年比(%)）	営業利益 （営業利益率(%)）	当期純利益 （純利益率(%)）
2005（H17）	2,545,435	1,834,931 (72.1)	1,122,960 (100.0)	385,278 (34.3)	277,438 (24.7)
2006（H18）	3,042,294	2,062,226 (67.8)	1,212,207 (107.9)	402,809 (33.2)	313,249 (25.8)
2007（H19）	3,072,501	2,297,438 (74.8)	1,305,167 (116.2)	458,500 (35.1)	335,805 (25.7)
2008（H20）	2,849,279	2,523,641 (88.6)	1,374,802 (122.4)	423,123 (30.8)	355,454 (25.9)
2009（H21）	2,760,188	2,012,251 (72.9)	1,538,336 (137.0)	306,468 (19.9)	234,385 (15.2)
2010（H22）	2,823,274	2,166,303 (76.7)	1,465,965 (130.5)	420,212 (28.7)	297,744 (20.3)
2011（H23）	2,786,402	2,272,067 (81.5)	1,419,385 (126.4)	367,084 (25.9)	247,868 (17.5)
2012（H24）	3,577,030	2,254,075 (63.0)	1,508,932 (134.4)	265,027 (17.6)	124,162 (8.2)
2013（H25） IFRSの数値	4,052,556	1,927,795 (47.6)	1,557,005 (138.7)	64,994 (4.2)	150,695 (9.7)
2014（H26） IFRSの数値	4,569,144	1,901,307 (41.6)	1,691,930 (150.6)	139,274 (8.2)	109,558 (6.5)

§2. 老舗・長寿企業の可能性を秘めた企業例

ここでは，財務・会計戦略上，これから長寿企業となりそうな会社の実例を見ていきたいと思います。

1. ファナック

この会社は，工作機械用 NC（数値制御）装置世界一で，産業用ロボットや小型マシニングセンサーなどで，言ってみれば，製造業の機械装置（ロボット）をロボットで製造している企業です。したがって，人口が将来的に絶対に減少していく日本にとって最も適合する会社とみられます。

ファナックのここ 10 年間の業績は，次のとおりです。
① 利益の蓄積率が高く，貯めすぎ企業です。
   もちろん長期的経営力が強く，無借金経営を実現しています。
② 配当利回りは，極端に低く，四季報によると配当性向 30% といわれています。正しい配当計算を行い（第 10 章で後述します），適切な配当をしないと，いつまでも貯めすぎの状態が続きます。
③ この 10 年間の配当性向を見ると，次のとおりです。

年	2005	2006	2007	2008	2009	2010	2011	2012	2013	2014
配当性向（%）	15.6	28.4	39.1	39.6	42.6	18.1	34.0	29.3	32.5	38.3

④ また，2009 年から 2013 年の 5 年間で蓄積率が 100% 以上となって，総資産を超える蓄積率になっています。
   売上高を除けば，資産を超える金額は，財務・会計上考えられないわけですが，これは，国際会計基準を中心とした自己株式の処理方法を誤ったことによります。

⑤ つまり，自己株式の処理は，株主資本から差し引くのではなく，資産処理をするのが正しいのです。もちろん，消却する株式は，資本の部から差し引くのですが，今持っている自己株式は，ほとんどが金庫株ですから，売却せずに保有するなら資産に計上し（流動資産ないし投資その他の資産に自己株式として），有価証券等と同じように評価し，評価損益を計上し，損益計算や包括利益計算に含めるべきなので

図表 9-4　ファナックの 10 年間の財務指標

(単位：百万円)

年	総資産額	利益剰余金 (蓄積率(%))	売上高 (基準年比(%))	営業利益 (営業利益率(%))	当期純利益 (純利益率(%))
2005 (H17)	799,575	676,637 (84.6)	330,345 (100.0)	120,210 (36.4)	75,764 (22.9)
2006 (H18)	903,409	753,436 (83.4)	381,074 (115.4)	140,589 (36.9)	90,437 (23.7)
2007 (H19)	951,664	830,232 (87.2)	419,560 (127.0)	162,930 (38.8)	106,756 (25.4)
2008 (H20)	1,046,837	921,775 (88.1)	468,399 (141.8)	189,564 (40.5)	127,030 (27.1)
2009 (H21)	970,441	982,277 (101.2)	388,271 (117.5)	134,449 (34.6)	97,162 (25.0)
2010 (H22)	891,651	987,685 (110.8)	253,393 (76.7)	55,024 (21.7)	37,511 (14.8)
2011 (H23)	1,013,000	1,082,997 (106.9)	446,201 (135.1)	189,757 (42.5)	120,155 (26.9)
2012 (H24)	1,130,625	1,180,556 (104.4)	538,492 (163.0)	221,834 (41.2)	138,819 (25.8)
2013 (H25)	1,219,113	1,261,572 (103.5)	498,395 (150.9)	184,821 (37.1)	120,484 (24.2)
2014 (H26)	1,343,904	1,340,809 (99.8)	450,976 (136.5)	164,134 (36.4)	110,930 (24.6)

す。
⑥　また，営業利益率もこの10年間の平均値は，36.6％と驚異的なものであり，当期純利益も25.4％と理想の5倍強となっています。
⑦　貯めすぎの蓄積額を適正に配当に回していけば，この会社は，拡大主義を採らない限り，財務・会計戦略からいって老舗・長寿企業になると考えられます。
⑧　なお，総資産額は，この10年間で1.4倍となっていますが，これは利益の蓄積額の増加によるものです。この10年間で利益の蓄積額は，6,642億円増加し，資産は5,443億円の増加となっています。

2. 小野薬品工業

医療用製薬に専念している会社で，自社開発で新薬開発に注力しています。
欧米にも開発拠点を置き，抗がん剤などの開発をしています。
小野薬品工業のここ10年間の業績は，次のとおりです。
①　この会社は，利益の蓄積率が高く，貯めすぎ企業です。
　　もちろん長期的経営力が強くて無借金経営を実現しています。
②　配当利回りは低く，やはり正しい配当計算で適切な配当をしないと，いつまでも貯めすぎの状態が続きます。
③　この10年間の配当性向を見ると，次のとおりです。

年	2005	2006	2007	2008	2009	2010	2011	2012	2013	2014
配当性向（％）	19.6	26.3	33.2	66.1	84.0	70.8	81.3	80.7	80.4	100.6

④　また，2009年と2011年の2カ年は，蓄積率が100％以上となって，総資産を超える蓄積率となっています。
　　売上高を除けば，資産を超える金額は，財務・会計上考えられないわけですが，これは，国際会計基準を中心とする自己株式の処理方法

の間違いです。

⑤ 再度，述べますが自己株式の処理は，株主資本から差し引くのではなく，その株式が生きている限り，資産処理をするのが正しいのです。もちろん，消却する株式は，資本の部から差し引くのですが，今

図表9-5　小野薬品の10年間の財務指標

(単位：百万円)

年	総資産額	利益剰余金 (蓄積率(%))	売上高 (基準年比(%))	営業利益 (営業利益率(%))	当期純利益 (純利益率(%))
2005 (H17)	439,274	364,238 (82.9)	145,302 (100.0)	60,043 (41.3)	39,322 (27.1)
2006 (H18)	504,446	392,290 (77.8)	148,671 (102.3)	56,936 (38.3)	36,146 (24.3)
2007 (H19)	504,815	404,061 (80.1)	141,711 (97.5)	52,841 (37.3)	35,271 (24.9)
2008 (H20)	477,341	421,278 (88.2)	145,897 (100.4)	52,286 (35.8)	35,046 (24.0)
2009 (H21)	421,280	422,565 (100.3)	136,556 (94.0)	43,471 (31.8)	23,766 (17.4)
2010 (H22)	433,226	430,870 (99.5)	135,986 (93.6)	39,840 (29.3)	27,877 (20.5)
2011 (H23)	424,442	435,536 (102.6)	135,255 (93.1)	35,200 (26.0)	24,222 (17.9)
2012 (H24)	436,413	425,787 (97.6)	145,778 (100.3)	37,904 (26.0)	24,360 (16.7)
2013 (H25) IFRS	**475,068**	**454,946 (95.8)**	**142,806 (98.3)**	**29,935 (21.0)**	**22,919 (16.0)**
2014 (H26) IFRS	**485,962**	**456,809 (94.0)**	**143,247 (98.6)**	**26,423 (18.4)**	**20,350 (14.2)**

(注)　2013年と2014年の当期純利益は，親会社の所有者に帰属する当期利益。

持っている自己株式は，ほとんどが金庫株ですから，売却せずに保有するなら資産に計上し（流動資産ないし投資その他の資産に自己株式として），有価証券等と同じように評価し，評価損益を計上し，損益計算や包括利益計算に含めるべきなのです。
⑥ また，営業利益率もこの 10 年間の平均値は，30.5% と驚異的なものであり，当期純利益も 20.3% と理想の 4 倍強となっています。なお，2013 年と 2014 年の営業利益は，IFRS の基準に基づくもので，これまでの日本基準でいう本業の利益ではなく，金融収益と金融費用を除く異常な利益・損失を含む全事業利益です。
⑦ 貯めすぎの蓄積額を適正に配当していけば，この会社は，拡大主義を採らない限り，財務・会計戦略からいって老舗・長寿企業になると考えられます。

3. 京都きもの友禅

きもの（振袖中心）小売り専門店です。現金仕入れで財務基盤が強く，「友の会」会員組織の株式会社として，会員を確保（割賦販売法での積み立て）し，世代を超えた幅広い年齢層に販路を広げています。

京都きもの友禅のここ 10 年間の業績は，次のとおりです。
① 総資産額の 10 年間の推移をみても拡大主義ではありません。
② 売上高についても 10 年間の推移をみても拡大主義ではありません。基準年比においても 10 年前を 100% として 9% しか増加していません。
③ 営業利益率は，10% をはるかに超え，平均 15% で理想的です。
④ 当期純利益も 10 年間，営業利益の理想である 10% 以上を前提として 5% 以上です。2013 年の 3.4% は，売上に対して 6.3% の大きな減損があったもので経常的に発生するものではありません。
⑤ 利益剰余金（利益の蓄積率）は，総資産の 55% 前後ですが，実質

的に無借金経営となっています。

以上の結果，財務・会計戦略的には，拡大主義でなく極めて優良な会社で，将来的に，なお縮小していくとみられる和装（きもの）業界において持続して長寿企業になる可能性がある会社です。

ただ，この会社は，公正取引委員会から強引販売で警告を受け，従業員

図表 9-6　京都きもの友禅の 10 年間の財務指標

（単位：千円）

年	総資産額	利益剰余金 （蓄積率(%)）	売上高 （基準年比(%)）	営業利益 （営業利益率(%)）	当期純利益 （純利益率(%)）
2005 (H17)	15,125,789	6,680,994 (44.2)	15,070,215 (100.0)	2,132,941 (14.2)	1,356,603 (9.1)
2006 (H18)	19,302,793	7,742,588 (40.1)	16,695,608 (110.8)	3,138,206 (18.8)	1,827,188 (10.9)
2007 (H19)	19,213,044	8,328,587 (43.3)	15,964,867 (105.9)	2,410,690 (15.1)	1,404,197 (8.8)
2008 (H20)	19,695,294	8,976,598 (45.6)	16,497,348 (109.5)	2,462,668 (14.9)	1,438,178 (8.7)
2009 (H21)	19,371,869	9,452,863 (48.8)	17,072,013 (113.3)	2,316,905 (13.6)	1,252,845 (7.3)
2010 (H22)	19,281,010	10,040,178 (52.1)	17,288,107 (114.7)	2,452,060 (14.2)	1,359,693 (7.9)
2011 (H23)	17,791,071	10,498,765 (59.0)	17,174,758 (114.0)	2,231,230 (13.0)	1,220,042 (7.1)
2012 (H24)	19,451,264	10,692,724 (55.0)	17,476,997 (116.0)	2,904,377 (16.6)	1,675,077 (9.6)
2013 (H25)	19,166,460	10,639,118 (55.5)	16,688,791 (110.7)	2,608,600 (15.6)	561,493 (3.4)
2014 (H26)	19,826,322	11,263,954 (56.8)	16,471,351 (109.3)	2,033,578 (12.3)	1,239,924 (7.5)

の平均就業期間も7年ということで短く（平均年令41.2歳で平均給与も4,066千円と低く），従業員に対してやさしくない企業である可能性が高く，こういう経営面での問題から老舗・長寿企業になるために疑義が持たれる面もあります。

第10章
財務・会計戦略とグローバル化の意味
―企業長寿となるために―

§1. グローバル化の意味

1. はじめに

　世の中，今や，グローバル化の嵐です。
　会計の世界も同じように世界標準ということで，どの国も国際会計基準（IFRS）を採用ということになっています。世界標準と言うと，聞こえがよいのですが，つまりは平均化しようということにほかなりません。
　しかしながら，企業経営に標準や平均ということは考えられません。
　これまで述べてきたように日本的経営の強さは，世界でも屈指のものがあります。それは，過去の業績のすべてを1つの数字で表す，利益の蓄積率の平均値（2013年の3,548社）が資産合計の25.4%であるということ，さらに200年以上の長寿企業の数が外国と比べて圧倒的であることからも明らかです。
　明治時代の欧米化一辺倒の風潮が，再び欧米を良しとするおかしな人たちや組織によって，日本の優れた経営のやり方が，失敗を繰り返す欧米（ドイツを除く）を標準としたグローバル化に引き下げることを自覚せず，

欧米が良いという間違った卑下から悪い方に平均化させるように導くことは，誠に困ったことです。

その例が，ROEという間違った指標が収益性を表わす最高指標と喧伝されていることにみてとれます。

ですから，世界一と考えられる，日本的経営のやり方を欧米のやり方に合わせるなどといった誤解される主張は，筆者としては極めて遺憾です。日本的経営のすべてが優れているということではありませんが，あのカルロス・ゴーンさんがいみじくも言われた終身雇用を前提とした日本的経営の優秀さを，世界標準（すなわちグローバル化）という名で捨て去り，間違った欧米の弱い体質を生み出す，株主と投資家（ほとんどが投機家）だけの企業経営に変質させて本当によろしいのかということです。

特に，企業経営は，株主，投資家をはじめ，従業員，債権者，国家，消費者といった利害関係者，すなわち社会全体が係わるものです。単純に，特定の利害関係者だけのためというアメリカを中心とした財務・会計の考え方は偏ったもので，社会との調和に完全に欠けたものであるということがいえます。そのような，欧米が良いというような間違った考え方に，日本の経営者は，毅然として反対し，日本的な蓄積型の強く，安全で，質の高い，そして長生きできる経営を果たすべきであると考えられます。もちろん，極端すぎる日本企業の貯めすぎは改めるべきで，株主への適切な配当は，バランス上必要です。

同様にグローバル化は，現在の国際関係からいって必要不可欠であることは，そのとおりですが，それと日本的経営の優秀さとは分けて考える必要があります。そのことを，ぜひ，経営者や管理者，さらに全ビジネス関係者に自覚して欲しいと思います。日本人ゆえの優れた点を進化向上させることと，世界的な平均化，標準化とは全く違うということを自覚して欲しいのです。技術的な世界一，経営哲学的な世界一，人間を尊び，従業員を大切にする世界一，経営戦略的に世界一を目指して欲しいわけです。また，日本人にしかできないことを自覚し，企業経営では，日本的経営感覚

の良い面を全面に出して世界の経営をリードして欲しいわけです。

2. 日本的経営の正しさとグローバル化（財務・会計的視点から）

　これまで述べてきたように，利益の蓄積を重視する日本的経営は，絶対に正しいと繰り返し主張します。そうすることで，これまで述べてきたように強くて，安全で，長生きできる企業体を創ることが出来るのです。最も危機に強い経営体質は，経営者と従業員で稼いできた利益の蓄積（家庭にたとえて言えば，貯金のあること）であり，それが日本人の気質，DNAにあります。そのことは，江戸時代における上杉鷹山の米沢藩が，凶作・飢饉のときにそれまで備蓄した麦，稗などといったものを領民に放出して，一人の餓死者を出さなかったという歴史的な事実に現れています。このような農耕民族の危機への防備が成功したことと同様に，どの国のどのような企業もある程度の利益の蓄積を必要とすることは，正しい経営を行う前提と言って良いと思います（前述したトヨタとGMとの比較を見れば，一目瞭然でしょう）。

§2. ROE（自己資本利益率）の問題点と欠陥

　ここでは，特定の新聞や証券取引所，公共放送が推奨するROEの間違いを指摘してみます。

1. ROEとは

　市場や証券業界，マスコミの世界では，収益性の指標としてROE（Return On Equity：自己資本利益率）が最高の比率として推奨されてい

ます。

しかし，このROEは，欠陥が多く，株主・投資家を中心とした偏った比率で，これによって経営の良し悪しを判断すると致命的な失敗（カネボウやダイエー：カネボウは，1999年ROE日本一と日本経済新聞で大々的に評価されました）をします。

ところで，ROEとは，次のような計算式で計算されます。

$$ROE = \frac{当期純利益}{自己資本（株主持分）^*} \times 100\%$$

＊（期首自己資本＋期末自己資本）÷2

またアメリカでは，ROCSE (Return On Common Shareholders' Equity)と呼ばれる次のような計算式がよく使われます。

$$ROCSE = \frac{普通株主に帰属する当期純利益}{普通株主持分の平均残高} \times 100\%$$

この場合の分子は，優先株の契約による配当金を当期純利益から差し引きます。分母も優先株主持分を除いた普通株主持分ということとなり，年間の純利益に対応するものですから期首・期末の平均残高を採ることになります。

アメリカの場合のROCSEは，一般の普通株主から見た企業の業績を示す指標と考えられています。

この影響から，わが国では，有価証券報告書（証券取引所）においても「会社四季報」でも，日本経済新聞でもROEが投資家の分析の業績指標の代表として使用されています。

有価証券報告書では，第一部［企業情報］の「第1　企業の概況」［主要な経営指標等の推移］で，**自己資本利益率**としてROEが5期間にわたり計算表示されています。また「会社四季報」では，最も優れた指標であるROA $\left(\frac{当期純利益}{総資産（総資本）} \times 100\%\right)$ と並んで主要な指標として記載され

図表 10-1　ファナックの経営指標等の推移（平成 21 年～25 年）

年　度	平成 21 年度	平成 22 年度	平成 23 年度	平成 24 年度	平成 25 年度
決算年月	平成 22 年 3 月	平成 23 年 3 月	平成 24 年 3 月	平成 25 年 3 月	平成 26 年 3 月
売上高（百万円）	253,393	446,201	538,492	498,395	450,976
経常利益（百万円）	60,063	195,434	228,578	191,242	174,360
当期純利益（百万円）	37,511	120,155	138,819	120,484	110,930
包括利益（百万円）	─	107,216	132,590	148,687	146,267
純資産額（百万円）	812,657	894,494	985,322	1,094,129	1,199,863
総資産額（百万円）	891,651	1,013,000	1,130,625	1,219,113	1,343,904
1 株当たり純資産額（円）	4,133.89	4,550.71	5,013.69	5,565.64	6,102.20
1 株当たり当期純利益額（円）	187.75	613.75	709.20	615.59	566.86
潜在株式調整後 1 株当たり当期純利益額	─	─	─	─	─
自己資本比率（%）	90.8	87.9	86.8	89.3	88.8
自己資本利益率（%）	4.5	14.1	14.8	11.6	9.7
株価収益率（倍）	52.8	20.5	20.7	23.5	32.1
営業活動によるキャッシュ・フロー（百万円）	66,009	122,338	144,223	158,848	125,559
投資活動によるキャッシュ・フロー（百万円）	△23,575	△6,816	△42,097	△43,964	△16,468
財務活動によるキャッシュ・フロー（百万円）	△104,047	△25,759	△42,052	△39,838	△31,929
現金及び現金同等物期末残高（百万円）	499,140	583,486	637,069	727,751	823,669
従業員数（人） [外、平均臨時雇用者数]	4,926 [518]	5,060 [1,400]	5,198 [1,833]	5,261 [1,828]	5,469 [1,348]

（注）1　売上高には、消費税は含まれておりません。
　　　2　潜在株式調整後 1 株当たり当期純利益金額については、潜在株式が存在しないため記載しておりません。

ています。一体，自己資本利益率が本当に企業の業績，特に収益性をあらわす代表的な比率なのかを，いろいろな角度から検討してみたいと思います。

なお，ファナックの有価証券報告書の「第1　企業の概況」1［主要な経営指標等の推移］(1) 連結経営指標等の実際を見ますと，図表 10-1 のとおりです。

2. 優良企業ほど ROE は悪化する

利益の蓄積が多く，過去に経営力が強い超優良企業ほど，ROE は不思議なことに悪化します。

上に見たように，ROE の計算式の分母は，自己資本の合計です。

その会社の過去の設立から現在までの長い間の業績をあらわす唯一の指標，すなわち長期の経営力をあらわすのは，利益剰余金です。

この利益剰余金は，純資産の部（資本の部）の一部分を構成します。

したがって，毎年の利益からの蓄積が大きくなればなるほど，すなわち利益剰余金が大きくなればなるほど，つまり超優良企業ほど ROE の分母である純資産合計（資本合計）が大きくなりますから，同じ当期純利益の場合，利益剰余金が大きくなればなるほど ROE が低くなります。

それに対して，損失を累積している企業，すなわち利益剰余金がマイナスになっている企業ほど分母の純資産（資本）が減少しますので，同じ当期純利益でも結果的に ROE が高くなります。

簡単な事例で，そのことを見てみましょう。

(単位：億円，小数点3位未満四捨五入)

```
（A 社）                        （B 社）
  資産合計      100              資産合計      80
  負債合計       30              負債合計      70
  純資産合計     70              純資産合計    10
  （資本金      20）             （資本金      20）
  （資本準備金  20）             （資本準備金  20）
  （利益剰余金  30）             （利益剰余金 －30）
     当期純利益   3                 当期純利益   3
```

（A社）　ROE＝$\dfrac{3}{70} \times 100\% = 4.3\%$

（B社）　ROE＝$\dfrac{3}{10} \times 100\% = 30\%$

　当期純利益は両社とも3億円です。しかし，利益剰余金は，A社の30億円に対して，B社は，－30億円と大きく差が開いています。にもかかわらずROEは，B社の方が格段に高い。NHKの特集によるとROEの平均は，アメリカ（15.6%），ヨーロッパ（10.9%），日本（7.7%）なので，日本はアメリカ並みにしなければならないという。

　経済がドイツを除いてガタガタのヨーロッパ，そして不安定なアメリカ企業。そんなに日本企業が悪いのでしょうか。

　筆者は日本企業は安定感があり，危機に強いと考えます。つまり利益の蓄積が大きいから危機に強く，安全なのです。欧米かぶれしたNHKが単純な1年の，それも企業の正しい収益をあらわさないROEを金科玉条のごとく重視し，偏った放送をするのは，決して良いこととは思えません。前述したように日本の上場会社3,548社の平均利益蓄積率が資産合計の25.4%であるといった経営力が，強くて安全なことは間違いありません。

　結局，過去の業績が良い超優良企業ほど，十分な純利益を出してもROEが高くならず，一方で過去の業績が悪く利益が出ていない問題企業

ほど，小さな利益でROEが簡単に高くなるのです。

　こんな比率を社会的に大切な企業の目標数値としていて，経済社会は健全に維持発展できるのでしょうか。"備えあれば憂いなし"です。

　適切な利益の蓄積は，継続企業，企業を持続可能とするために必要不可欠な条件といえます。

3. 正しい効率性の計り方

　効率性の実態は，資産の実際活動（実際の資産は，借金と株主持分に分割できません）によってはかられなければなりません。

　ROEを信奉する人たちは，ROEを上げて資本効率を改善すべきであるという。これが，まず，おかしな話しなのです。総資本ならまだ分かるのですが，資本は他人資本（負債）と自己資本（資本：純資産－少数株主持分－新株予約権「連結の場合」）から成り立っています。

貸借対照表（財政状態計算書）

総資産	（他人資本による資産）	負債（他人資本）	総資本
	（自己資本による資産）	資本（自己資本）：株主持分 （純資産－少数株主持分－新株予約権） ［日本基準］	

　資本というのは，貸借対照表の右側の呼び名です。それは，現金預金を初めとする資産の源泉をあらわすものです。すなわち左側の総資産（例えば会社が持っているカネ，もの，権利）が借金（他人資本）によるものか，もしくは株主持分（自己資本）によってもたらされたものかがわかります。これが効率よく働かされているかどうか，すなわち，この会社の効率性は，左側の総資産の効率性で判断されます。つまりこれらの総資産が

どれだけ効率よく使われ，どれだけの利益をあげたかが重要なのです。つまり，会社の効率性を計るのであれば，分母は総資産であって，決して自己資本だけではないのです。借金などの負債により手に入れた資産が，うまく使われて利益をあげているわけです。ですから他人資本＋自己資本＝総資本を分母にしないと，真の効率性は計算することはできないのです。

つまり会社が，使っている資産は，いろんな資産が結合して活動していますので，これを自己資本（資本）と他人資本（負債）に分割することはできません。

例えば，4つの工場を持つ会社を考えてみましょう。それらの工場の効率性を計るとき，借金（負債）によって作られた工場と株主持分（資本）によって作られた工場に区分して測定することはしていません。これは，誰が考えても理解されるはずです。そんなおかしなことをやっている企業は，この世に存在しないでしょう。区分できませんし，区分することは，何の意味もないことです。

このことは，工場のもつ設備にも同じことがいえます。その設備がどれだけ効率よく稼働し，良い製品を作ったかといったことが重要なのです。効率性は，あくまでこの設備の効率性であって，負債（他人資本）や株主持分（自己資本）の効率性を計ることは事実上困難です。

同様に現金の効率性を，銀行から借り入れた現金と株主出資金（資本）の現金といった区分で計ることに意味がないことは，上記の2つの例を見れば明らかです。

ROEを上げることによって資本効率を良くするとは，総資産（資産合計）のうち自己資本（資本合計）に当たる資産の効率を意味しますが，これを実際に測定することは不可能です。もちろん，建物，土地，株式に"この部分は，株主持分で"という風に書いてあれば別ですが……。

つまり，ROEを上げて資本効率を良くするというようなことは，数学的には考えられるでしょうが，それは，机上の観念で，現実には資産を分割して効率を上げるということは不可能なわけです。

資産は，一体として協働することによって活動するのですから，財政状態計算書（貸借対照表）の右側（資本側）から分割して考えてはならないのです。

もちろん，ROE は株主側だけから，あるいは投資家（実際には投機家）のためだけの偏った指標であって，絶対に企業経営の指標としてはなりません。

ROE を市場の最高指標として，これを目標として経営をしていくと，第 2，第 3 のカネボウ，ダイエーになる可能性が大であるといえます。

実際の経営戦略上では，ROA＊［総資産利益率（総資本利益率）］が適切な比率だといえます。

ROE の計算式を，もう一度見てみましょう。

$$ROE = \frac{当期純利益}{自己資本（日本基準）^*} \times 100\%$$

＊（純資産 − 少数株主持分 − 新株予約権）の 2 期間平均

この場合，分子の当期純利益を増加させることは，歓迎すべきことです。しかし，分母の自己資本（資本）は，ROE を上げるために，小さくすることが良いということになります。

そのためには，利益を蓄積しないことや自己株式を買い取ることなどが考えられます。

利益を蓄積しなければ，経営を不安定にし，（たとえば，GM の実例）また，自己株式を取得するためには，多くの現金預金を必要としますから，業績の良い会社でないと実行不可能です。このことは，いずれも経営を不安定にさせる要因となりかねません。すべてが ROE を良くするためだとするなら，本末転倒です。

総資産を，指標の分母にするのが本当の意味の経営の良い指標なのです。

4. ROEと自己資本比率の矛盾

ここでは，安全性の代表である自己資本比率とROEが反比例関係にあることを述べることにします。

自己資本比率は，次のような計算式です。

$$自己資本比率 = \frac{自己資本^*（日本基準）}{総資産（資産合計）} \times 100\%$$

＊自己資本＝純資産－少数株主持分－新株予約権

つまり，安全性分析においては，分子の自己資本が大きければ大きいほど，安全性が高いわけです。

これに対して，ROEは，前述したように，次のような計算式です。

$$ROE = \frac{当期純利益}{自己資本（日本基準）} \times 100\%$$

このROEでは，自己資本比率と逆に，自己資本が分母ですから小さければ小さいほど良い結果が出るということになります。

たとえば，次のようなA社とB社を考えますと簡単にわかります。

A社（単位：億円）	B社（単位：億円）
資産合計　　100	資産合計　　80
負債合計　　30	負債合計　　70
自己資本　　70	自己資本　　10
（内訳）	（内訳）
資本金　　　20	資本金　　　20
資本剰余金　20	資本剰余金　20
利益剰余金　30	利益剰余金　-30
当期純利益　3	当期純利益　3
自己資本比率 $=\dfrac{70}{100}\times 100\%=70\%$	自己資本比率 $=\dfrac{10}{80}\times 100\%=12.5\%$
ROE $=\dfrac{3}{70}\times 100\%=4.3\%$	ROE $=\dfrac{3}{10}\times 100\%=30\%$

　A社もB社も同じ純利益額にもかかわらず，このように安全性が高いA社のROEは低くなり，安全性が低く危険なB社のROEは，高くなるのです。

　それも過去に経営力が強く，安全で，長生きできる会社ほどROEは低くなります。

　このように経営力が弱く，危険性が高い企業ほどROEが逆に高く出る傾向があります。かってのカネボウ（1999年ROE日本一として日本経済新聞で大々的に評価された）とか，ダイエーなどがそうです。

　B社のように，利益剰余金がマイナスで配当できないような会社にもかかわらず，ROEでみると最高の評価が出る可能性があるのです。

　つまり，ROEは投機的な性格をもつ比率であるということがわかります。

　たった1年間という短期の，かつ不合理な分母を使って計算される，それもある意味では突発的な利益が出たというだけの会社に投資はできない

はずです。まさに投機としか考えられません。配当を出せないような会社に対する投資は投機以外のなにものでもありません。

　会社法上の利益剰余金は，配当の基礎となるものですから，偶然に利益が出ても，理論上配当はできません。つまりB社の場合，利益剰余金（−30億円）＋当期純利益（3億円）＝−27億円ですから，配当はできませんし受け取れません。

　すなわちB社は，ROEが30%と高くとも，配当を出せる会社ではありませんから投資の対象とならないのです。

　そうなると，ROEは，株価の動きだけを考える投機家のための比率ということになります。

　このような，欠陥を持ち，そして間違った比率を，経営の最高の比率として経営に利用することは，絶対にしてはいけません。

　さて，このROEと自己資本比率との相対関係を考え，バランスをはかりますと次のような式が導かれます。

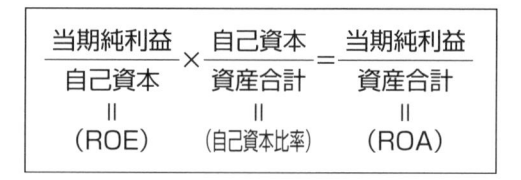

$$\frac{当期純利益}{自己資本} \times \frac{自己資本}{資産合計} = \frac{当期純利益}{資産合計}$$
$$(ROE) \quad\quad (自己資本比率) \quad\quad (ROA)$$

　このことから，真のバランスのとれた資本利益率は，ROA（総資産利益率：総資本利益率）であることが数学的にも証明できるわけです。ROEではなくROAが，経営の効率性を計る1年間の最高の比率といえます。

5. ROAとROE

　さて，「四季報」が，常に指標としているROAとROEですが，これは，それぞれの立場を代表する指標ということができます。

（1） ROA の意味と経営

ROA は次のような指標です。

$$ROA = \frac{当期純利益}{資産合計} \times 100\%$$

これを図示すると，次のように資産の効率をあらわす指標です。

資産（分母）	負　債
	自己資本（株主持分）

当期純利益（分子）

　企業経営や経営者の立場から考えると経営活動の実際は，持っている資源，すなわちいろいろな資産，つまり現金預金，建物，工場などすべての資産を使って収益を上げようと活動しているわけです。

　したがって，企業の収益性，効率性は，左側の総資産を使っての話です。

　そして，その果実が，損益計算書（包括利益計算書）の当期純利益として結実するわけです。

　ですから，ROA は経営者が考える収益性，効率性を代表する総資産を使った 1 年間の経営指標と考えられるわけです。

（2） ROE と株主の指標

ROA に対して ROE は，次のような指標です。

これを図示すると問題はあるのですが，株主持分（自己資本）の効率性をあらわす指標と考えられます。

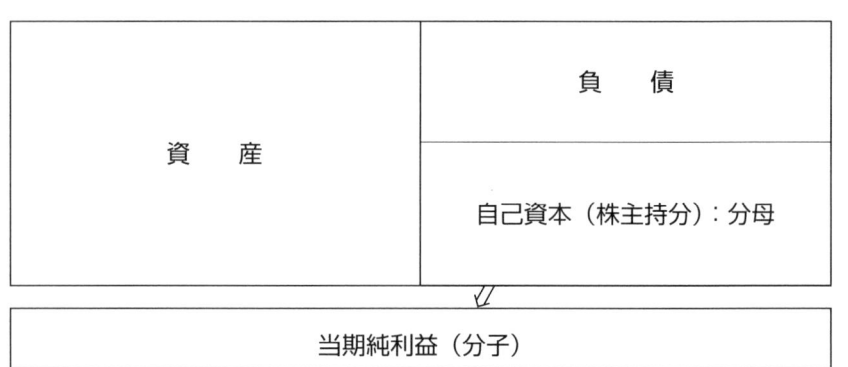

資　　産	負　　債
	自己資本（株主持分）：分母
当期純利益（分子）	

株主の立場から考えると，自分が持っている持分（実際は，買った時の株価：1株当たり持分）を投資額と考え，これが，どれだけの果実を生み出したかを分析するわけです。

これを，効率と呼んでいるわけですが，株主の立場から，特に投機株主から見た場合には，それなりの意味があると考えられます。

しかし，配当や企業の持続的成長や中・長期の企業価値の向上を狙う，投資家の立場から見ると短期の指標であって，中・長期の指標とは考えられないものと思われます。

したがって，企業経営や経営者の立場から考える限り，短期の1年間の代表的指標は，ROA でなければならず，このことを，経営者，管理者は，肝に銘じて持続的成長と中・長期の企業価値の向上に邁進する必要があります。

6. 企業の継続（持続可能）と利益の蓄積

（1） 企業の継続（持続可能）の前提と利益剰余金

いうまでもなく，現代の企業は，半永久的に維持・発展し続けることを前提として経営活動を営んでいます。これは，誰もが，否定できない経営及び会計の基本的前提です。

たとえ現代の欧米の投資家が企業を安く買い，高く売ることを目的としていても，企業の継続を否定することはできません。

つまり，オーナーが代わっても，合併・買収によって環境が変わっても，大部分の従業員は働き続け，働き場所としての企業は継続します。

しかし，これまで協働してきた従業員の権益は，守られないかもしれません。

それでも，継続企業を前提とするなら，半永久的に企業を維持・発展させるための原動力ないし力の貯蔵庫として必要不可欠なことは，力を蓄積することです。

この"力"の蓄積こそが，企業の場合は，利益の蓄積，すなわち利益剰余金の蓄積に相当します。

利益剰余金を蓄積することは決して悪いことではありません。

筆者の研究では，利益剰余金が資産合計の60％以上になると，ほとんどの企業が無借金経営となります。この場合の無借金とは，金利のかかる借金（有利子負債）がないことです。ときたま，子会社が独立採算で借り入れを行っている場合がありますが，その場合は金額が僅少で実質的に無借金経営といえます。いずれにしろ，企業を継続するためにはある程度の利益の蓄積が，どの国においても，どんな企業でも必要不可欠です。

ただし，無借金経営になっても60％を超えるような貯めすぎはよくないことです。

要するに，グローバル化と企業の経営のあり方は，違うということを経

営者がしっかりと自覚するということです。グローバル化とは，ただ単に世界が平均になるということで，優れた企業のあり方とは違うということを再度強調しておきたいと思います。

（2） 5年ないし10年の推移数値（基準年比と前年比）

　経営分析をする場合に，2つの考え方があります。1つは有価証券報告書などにあらわされているように，対前年比で考えるということです。

　もう1つは，ある年度を基準にして，その年を100％として数値を把握する基準年比という考え方です。

　一般的に，行われているのは，前年比という推移のとらえ方で，公式の財務諸表である有価証券報告書の内容は，2期間の比較財務指標です。それゆえに企業の役員会での業績報告なども2期間の前年比が一般的で，有価証券報告書の業績報告でも対前年比較が中心となっています。しかし，2期間比較の対前年比では，前年度の結果によって増減がとらえられますから前年が良ければ当年は悪く出ますし，前年が悪ければ当年はよく出ます。ですから，その繰り返しは，5年とか10年の推移をとらえる感覚を失わせますし，よりもっと問題なのは，その企業の衰退や成長に疎くなってしまうことになりかねません。

　もちろん，前年比も重要ですが，よりもっと重要なのは，次の基準年比です。これは，5年間とか10年間といった長期の推移をとらえるのに合理的です。

　10年比ですと，2014年なら，2005年を基準として100％とし，10年間の増減をとらえるので成長や衰退が一目でわかりますし，売上高や重要な費用は，項目ごとに増減をとられることによって戦略的な分析ができることとなります。5年比ですと2010年から2014年までの5年間の推移を2010年を基準として100％とし，増減をとらえることとなります。

　また，それぞれの企業の最も良かった年度を基準として比較することも考えられます。

§3. 真の配当源泉と真の配当計算のしかた

1. 配当性向による配当金決定の誤り

すでに見ましたように配当性向は，次のように計算されます。

$$\frac{配当金}{当期純利益} \times 100\%$$

要するに，その期間に獲得された当期純利益から，どれだけの配当が行われたかということで，低ければ健全で，高ければ，蓄積が小さく，分配が大きくなるから不健全であるとされています。

しかし，配当性向が低いことを歓迎することは，果たして正しいのでしょうか。さらに，配当金を配当性向で決めて良いのでしょうか。

結論を言えば，配当性向は，設立当初（利益の蓄積が小さいうち）は，良いとしても，基本的には間違っている考え方です。なぜなら，まず配当金の決定は，その年度，年度で決めるのではなく長期的な視野からの配当政策によって決められなければならないからです。

次に，分母に当期純利益をとるのは，法規上からみても間違っています。法律では，配当金は利益剰余金を原資にして行われることがうたわれているからです。ですから，設立当初を除いて，いや設立当初から分母は，利益剰余金でなければなりません。正確に言うと，単純に，1年間の当期純利益の額で決定することは危険だということです。

配当金の決定は，その源泉である過去の利益の蓄積額である利益剰余金を基礎にして，さらにこの1年間に予定される当期純利益を加味して，決

定すべきものだと言えます。

その会社にとって，必要な蓄積額と株主等への分配の比率は，長期的な経営戦略の一環です。

それはまた，株価対策にも必要不可欠な要素でもあります。

いずれの会社でも，その会社が継続企業ないし企業の持続可能性を基本的前提としている以上は，配当金の決定は長期戦略に基づいて決定されなければならないし，法律的にその総額は利益剰余金額が根底になければならないのです。

配当性向は，間違った配当金の決定を導いてしまいます。後で見るように蓄積率が高くて配当性向を採用している会社は，どんなに蓄積されても配当性向が100%を超えない限り，利益は蓄積され続けるのです。

2. DOE の欠点と誤り

配当性向に代わって配当金決定の指標として注目されているものに，DOE*（自己資本配当率または純資産配当率）があります。DOE は，次の計算式で表わされます。

　＊DOE：Dividend on Equity

$$\frac{配当金}{自己資本} \times 100\%$$

これを分解すると次のようになります。

$$\frac{配当金}{自己資本} = \underbrace{\frac{当期純利益}{自己資本}}_{(A)} \times \underbrace{\frac{配当金}{当期純利益}}_{(B)}$$

この計算式は，配当性向の考え方を残すための計算式であることがわか

ります。

すなわち，(A) が ROE であり，(B) は配当性向です。

問題は，分母の自己資本で，自己資本には，資本金，資本準備金，そしてその他の資本剰余金があります。このうち，資本金，資本準備金は，法律的に分配してはならないもので，これが分配の総額の中に含まれていることは，この配当金決定方法も間違った比率であることがわかります。

このような法律違反の計算式は，大きな問題ですし，間違っていると考えられます。

3. 真の配当源泉と正しい配当計算

配当性向も DOE も間違いであるとすると，どんな配当金の決定が正しいのでしょうか。実は，配当金の純粋な源泉は，法律的にも，会計的にも，過去の蓄積利益と当期の予定される当期純利益であるといえます。

それは，次のような計算式から導き出される利益剰余金配当率（DORE：Dividend On Retained Earning）から理解が可能です。

$$\frac{配当金}{利益剰余金} \times 100\%$$

この計算式を分解すると次のようになります。

これは，過去の利益の蓄積に対する当期の割合と配当性向を含んだ正しい株主分配のモデルと考えられます。つまり，過去と現在の利益額を基にして分配が考えられているという合理的な計算方式といえます。

この計算式の特徴をあげると次のとおりです。

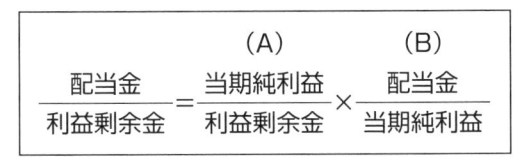

$$\frac{配当金}{利益剰余金} = \underset{(A)}{\frac{当期純利益}{利益剰余金}} \times \underset{(B)}{\frac{配当金}{当期純利益}}$$

① 分母が配当の純粋な源泉であること

　利益剰余金は設立から現在までの利益の蓄積額で，その金額は株主側からみれば，株主への未配当分を構成するものです。一方，当期純利益は，結果としては，株主総会での決議で確定するときは，利益剰余金に振り替えられているわけですから，配当金を決定するには，正確には，前期の配当金差引後の利益剰余金額に当期純利益の予定額を加えた金額が正しい分母となります。

　したがって，結果として当期純利益を含む利益剰余金額（正確には前期の配当金差引後の利益剰余金額に当期純利益の予定額を加えた金額）が，現在時点で配当できる最大の総額（配当可能総額）をあらわします。それゆえ，適正な配当額を決定する最適な指標の分母といえます。

　もちろん，継続企業を前提とするわけですから，厳密には，当期に積み立てなければならない利益準備金があれば，これを除いてということですし，法律的には，その他の資本剰余金を含めて決定される場合もあります。

　しかし，会計理論的には，その他の資本剰余金は資本ですから，配当金ではなく，あくまでも資本の払い戻しということになります。

② この方法によれば，適正な配当金の計算や現在の配当可能年数，さらに配当可能総額に対する分配率も明確になります。

③ 前述したように，その他の資本剰余金も法律上配当可能ですが，これは株主への出資の払い戻しであって純粋な配当という概念には当てはまりません。払い戻しの手段を配当という形にしているに過ぎないのです。

　この方法によると，配当不能な資本金や資本準備金を除くのでDOEのような不純物を取り除くことが出来ます。

④ 前述したように，DOEでは，利益剰余金がマイナスでも配当可能だということになりますから法律に違反するわけですが，この方法によれば，利益剰余金が0になった場合には，当期純利益が予定されない限り，配当できないということになり適法ということになります。

ちなみに，第6章の図表6-3に掲げた超優良会社ベスト20の配当率を見ますと次のとおり，いずれも低い数値になっています。

図表10-2　無借金経営の日本企業ベスト20の配当率

	会社名	利益の蓄積率（％）	5年間平均営業利益率（％）	有利子負債	配当率（％）
1	卑弥呼	111.7	11.3	0	1.25
2	ファナック	103.5	35.4	0	1.26
3	ヒロセ電機	100.3	22.4	0	1.62
4	小野薬品工業	94.6	27.0	0	2.19
5	ナカニシ	92.7	31.8	実質0	1.05
6	マニー	91.1	37.2	0	1.40
7	ジャストプランニング	88.0	26.6	0	2.73
8	キーエンス	87.2	45.9	0	0.15
9	ナガイレーベン	87.1	28.2	0	2.13
10	養命酒製造	86.3	12.6	0	2.01
11	大正製薬HD	83.9	13.3	0	1.52
12	エーワン精密	83.5	24.0	0	2.04
13	コーセル	83.5	17.7	0	1.94
14	クリップコーポレーション	83.5	20.5	実質0	4.88
15	エプコ	82.8	25.6	0	2.94
16	SANKYO	82.4	20.5	実質0	3.90
17	エン・ジャパン	82.4	10.6	0	1.61
18	日東工器	82.0	11.6	0	1.95
19	ユー・エス・エス	81.3	40.0	実質0	2.25
20	久光製薬	80.5	21.0	実質0	1.80

（注）2014年3月期決算が中心で，配当率は3月期を中心とした決算に基づく予想配当利回りです。

§4. IFRS（国際財務報告基準）について

　IFRS は，3,800 ページ以上の大著となる国際会計基準で 2014 年に日本語訳が出版されています。

　グローバルという意味では，これから少なくとも先進国を中心として IFRS が財務と会計の中心となりますし，そういった意味では長寿企業の未来に大きな影響を及ぼすかもしれませんので，この IFRS とこれまでの日本基準の違いについて，最後に，触れておきたいと思います。

1. 基本的な考え方

　IFRS は，欧米を中心とする会計であって，株主・投資家のための基準といえます。そこには資本主（所有者）の考え方が強く，企業の維持とい

図表 10-3　日本基準と IFRS（国際財務報告基準）の違い

日本基準（これまでの基準）	IFRS（国際財務報告基準）
Ⅰ　会社のための正しい計算（会計） Ⅱ　貸借対照表 Ⅲ　損益計算書（包括利益計算書） 　1　本業→営業利益 　2　正常状態の経営利益・損失 　　　→経常利益 　3　異常状態の利益・損失 　　　→特別利益・損失 　4　最終利益→当期純利益・当期純損失 　5　包括利益・損失	Ⅰ　株主のための財務報告（会計） Ⅱ　財政状態計算書 Ⅲ　包括利益計算書 　1　事業→営業利益 　2　金融収益・金融費用 　3　最終利益 　　　→当期利益・損失 　4　包括利益・損失

う,本業を中心とする会計ではなく,株式投機家を主とした株主のための会計という色合いが強く出ている感があります。もちろん,IFRS は,本業である営業利益を計算することを禁じてはいないのですが,現在 IFRS で表示されている営業利益(これまでの日本基準での営業外収益・営業外費用,特別利益・特別損失を含む)は,金融収益・金融費用を除く,全事業利益ということになっています。

2. 損益計算書の違い

日本基準と IFRS の大きな違いは,損益計算書に見られます。ここではこれまでの日本基準の損益計算書と IFRS の損益計算書を比較します(図表 10-4)。

図表 10-4 損益計算書の違い(日本基準と IFRS)

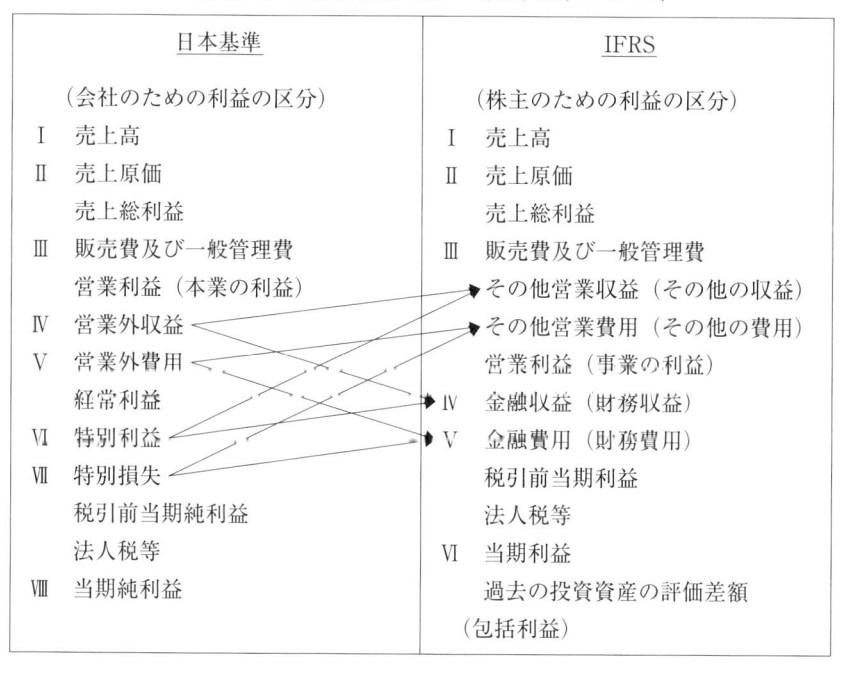

日本基準	IFRS
(会社のための利益の区分)	(株主のための利益の区分)
I 売上高	I 売上高
II 売上原価	II 売上原価
売上総利益	売上総利益
III 販売費及び一般管理費	III 販売費及び一般管理費
営業利益(本業の利益)	その他営業収益(その他の収益)
IV 営業外収益	その他営業費用(その他の費用)
V 営業外費用	営業利益(事業の利益)
経常利益	IV 金融収益(財務収益)
VI 特別利益	V 金融費用(財務費用)
VII 特別損失	税引前当期利益
税引前当期純利益	法人税等
法人税等	VI 当期利益
VIII 当期純利益	過去の投資資産の評価差額
	(包括利益)

これまでの日本基準は，会社の目的である本業の売上高（営業収益）と本業の費用（売上原価と販管費）から本業の利益を計算し，本業以外の収益（受取利息，受取配当金など）と本業以外の費用（支払利息など）を対応させ，これに異常な損益を対応させるという計算構造でした。

　これに対して，IFRSは，あくまでも株主のための損益計算を考えるわけです。ですから，本業だろうと本業以外であろうと株主にとっては，損益に変りはありません。ただし，利息や配当金の収益や支払利息は事業というより金融の収益や費用であり，これまでに生じた不正事件などの反省から，事業利益とは別の次元として区分されています。

　このように日本基準は，投資家保護ですが，会社経営のため，一方IFRSは，投資家保護ですが，株主のための利益区分と言えます。

　IFRSは，財政状態計算書も包括利益計算書も簡素化し，詳細は注記（別紙資料で詳しく明細を記載する方法）で示すということが大前提です。

　もちろん，日本基準も，これまでも注記を利用してきたのですが，IFRSのそれは，徹底しています。ですから，IFRSの決算書でも，注記を利用すれば，これまでの日本基準の損益計算による分析と同様の決算書を作成することは可能です。

　ただ，株主が知りたい利益は，最低，最終の利益を中心としますから税引前当期利益と当期利益は必要不可欠です。これに加えて，過去の投資資産の決算時点での再評価（公正価値：現在の売却時価）が行われます。これが，包括利益ということになります。

　税引前当期純利益，税引前当期利益，当期純利益，当期利益は純を付けるか付けないかだけの問題であって，その内容を意味するものは全く同じです。IFRSでは付けないものが多いのですが，これは趣味の問題です。

　それでは，次に営業利益を見ていくことにします。

　これまでの日本基準でいう営業利益と，IFRSの営業利益では，中身が違います。

　これまでの日本基準では，営業利益は本業の利益を意味していました。

これに対してIFRSでは，営業利益は事業利益を意味します。これまでの日本基準の営業利益に営業外収益，営業外費用，特別利益，特別損失に含まれる金融収益（財務収益）と金融費用（財務費用）を除いた収益と費用をその他営業収益（その他収益）とその他営業費用（その他費用）とし

図表10-5　日本基準の営業外損益，特別損益とIFRSのその他営業収益・その他費用の関係

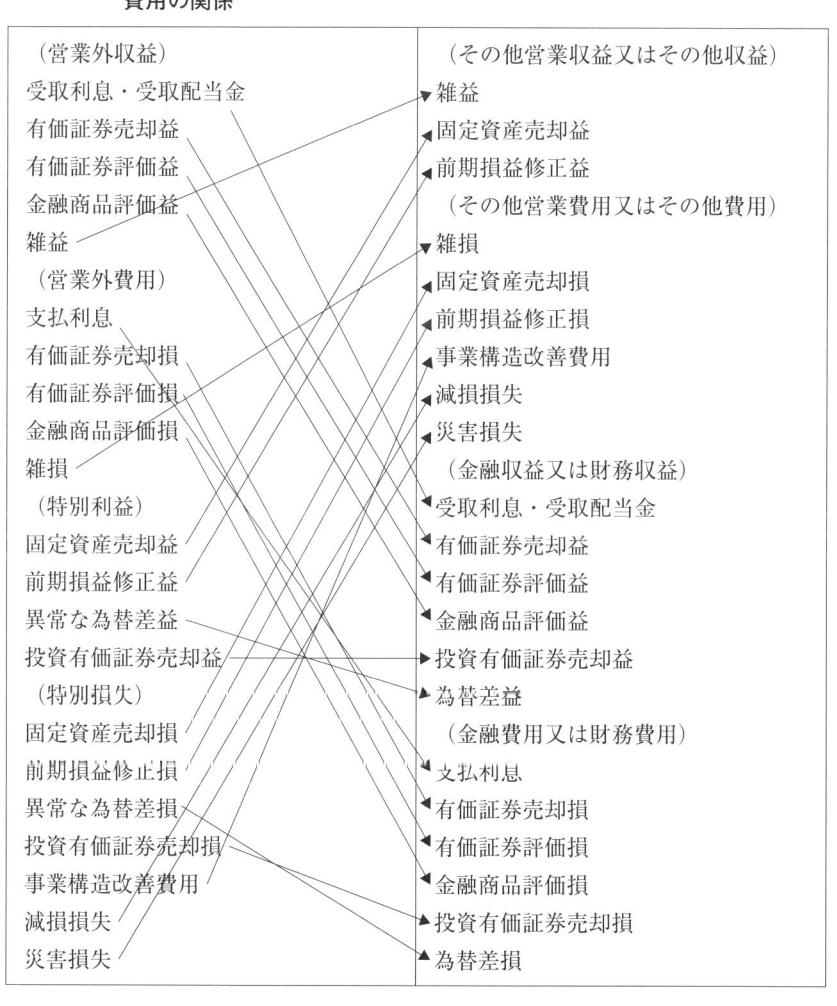

（営業外収益）	（その他営業収益又はその他収益）
受取利息・受取配当金	雑益
有価証券売却益	固定資産売却益
有価証券評価益	前期損益修正益
金融商品評価益	（その他営業費用又はその他費用）
雑益	雑損
（営業外費用）	固定資産売却損
支払利息	前期損益修正損
有価証券売却損	事業構造改善費用
有価証券評価損	減損損失
金融商品評価損	災害損失
雑損	（金融収益又は財務収益）
（特別利益）	受取利息・受取配当金
固定資産売却益	有価証券売却益
前期損益修正益	有価証券評価益
異常な為替差益	金融商品評価益
投資有価証券売却益	投資有価証券売却益
（特別損失）	為替差益
固定資産売却損	（金融費用又は財務費用）
前期損益修正損	支払利息
異常な為替差損	有価証券売却損
投資有価証券売却損	有価証券評価損
事業構造改善費用	金融商品評価損
減損損失	投資有価証券売却損
災害損失	為替差損

て加えられた額を営業利益としています。いってみれば，経営活動のうち，金融収益・費用を除く全事業利益と考えられます。

これまでの日本基準の営業外収益・営業外費用と特別利益・特別損失が無くなり，営業外収益だった受取利息・受取配当金，有価証券売却益，有価証券評価益，金融証券評価益が金融収益又は財務収益へ区分され，雑益はその他営業収益またはその他収益へ区分されます。

営業外費用だった支払利息，有価証券売却損，有価証券評価損，金融商品評価損が金融費用または財務費用へ区分され，雑損はその他営業費用またはその他費用へ区分されます。

また，これまで特別利益だった固定資産売却益，前期損益修正益がその他営業収益またはその他収益へ区分され，異常な為替差益，投資有価証券売却益は，金融収益または財務収益へ区分されます。

特別損失だった固定資産売却損，前期損益修正損，事業構造改善費用，減損損失，災害損失がその他営業費用またはその他費用へ区分され，異常な為替損失，投資有価証券売却損は，金融費用または財務費用へ区分されます。

3. IFRSの貸借対照表区分

これまでの固定資産は，非流動資産と表示され，固定負債は，非流動負債と表示されます。

これまで，資産は，一般企業では，流動資産，固定資産の順で並べられていましたが，IFRSでは，次のようにいろいろな表示が可能です。

IFRSの場合は，少なくとも，次のような3つのパターンがあります。

Ⅰのパターン

資産の部	資本及び負債の部
非流動資産 流動資産	資本 負債 　非流動負債 　流動負債

　資産の部と負債の部は，非流動資産，非流動負債を先に，負債と資本は，資本を先にというパターンです。
　財政状態を会社に長く残る順番にということです。

Ⅱのパターン

資産	負債及び資本
流動資産 非流動資産	負債 　流動負債 　非流動負債 資本

　これまでどおりの，流動性（早くカネになる。早く返済する順番）の順番で表わします。
　これまでの固定資産が非流動資産，固定負債が非流動負債になります。

Ⅲのパターン

資産	負債及び資本
非流動資産 流動資産	負債 　流動負債 　非流動負債 資本

　資産は，長く持っている順番で，負債は，逆に返済が早い順番でという

ことです。

現在は，Ⅱのパターンが多いのが実際です。

IFRSの資産は，流動資産と非流動資産に分けられます。

非流動資産は，これまでの固定資産のことです。

① IFRSの資産の表示の例

（表示1） NI社	（表示2） H社
非流動資産 　のれん 　無形資産 　有形固定資産 　投資不動産 　持分法で会計処理される投資 　売上債権及びその他の債権 　売却可能金融資産 　デリバティブ金融資産 　繰延税金資産 　未収法人所得税 流動資産 　棚卸資産 　未成工事支出金 　売上債権及びその他の債権 　売却可能金融資産 　デリバティブ金融資産 　現金及び現金同等物	非流動資産 　有形固定資産―純額 　のれん 　無形資産 　持分法で会計処理される投資 　長期金融資産 　その他の非流動資産 　繰延税金資産 流動資産 　棚卸資産 　売上債権及びその他の債権 　その他の短期金融債権 　未収法人所得税 　その他の流動資産 　現金及び現金同等物

（表示1）のNI社は，非流動資産を先に，流動資産を後に表示しています。この会社は，日本基準では，流動資産，固定資産の順でした。また，流動資産の最後に現金及び現金同等物となっています。従来の日本基準で

は，流動資産のトップに表示されていました。

（表示2）のH社は，（表示1）と同様に非流動資産を先に流動資産を後に表示しています。もちろん，この会社も従来の日本基準では，流動資産，固定資産の順でした。現金及び現金同等物も（表示1）と同じです。

（表示3）　ND社

流動資産
　現金及び現金同等物
　営業債権及びその他の債権
　棚卸資産
　その他の金融資産
　その他の流動資産
　　　　小計
　売却目的で保有する非流動資産
非流動資産
　有形固定資産
　のれん
　無形資産
　投資不動産
　退職給付に係る資産
　持分法で会計処理される投資
　その他の金融資産
　繰延税金資産

（表示4）　NT社

流動資産
　現金及び現金同等物
　営業債権
　棚卸資産
　未収法人所得税
　デリバティブ資産
　その他

非流動資産
　有形固定資産
　無形資産
　投資不動産
　投資有価証券
　繰延税金資産
　その他

（表示3）のND社は，流動資産，非流動資産の順で，これまでの日本基準と同じですが，固定資産の部が非流動資産となっています。流動資産のトップは，これまでの日本基準と同様に現金及び現金同等物です。（表示4）のNT社も同様です。

② IFRS の負債の表示の例

IFRS の負債は，流動負債と非流動負債に分けられます。

非流動負債は，これまでの固定負債です。

負債の表示の例としては，次のようなものがあげられます。

（表示１）　NI 社

```
流動負債
  社債及び借入金
  デリバティブ金融負債
  仕入債務及びその他の債務
  未払法人所得税
  引当金
  繰延収益
  売却目的で保有する資産に
    直接関連する負債
非流動負債
  社債及び借入金
  デリバティブ金融負債
  仕入債務及びその他の債務
  繰延税金負債
  未払法人所得税
  退職給付引当金
  引当金
  繰延収益
```

（表示２）　H 社

```
非流動負債
  長期有利子負債
  その他の長期金融負債
  退職給付引当金
  その他の引当金
  その他の非流動負債
  繰延税金負債

流動負債
  短期有利子負債
  仕入債務及びその他の債務
  その他の短期金融負債
  未払法人所得税
  その他の引当金
  その他の流動負債
```

（表示１）の NI 社は，流動負債，非流動負債の順です。これまでの日本基準と同じ順序ですが，固定負債の部が非流動負債に変わっています。また，社債及び借入金は，短期・長期という名前はつけていません。

（表示２）H 社は，非流動負債，流動負債の順です。これまでの日本基準では，流動負債，固定負債の順です。また，社債や借入金は，長期有利

子負債，短期有利子負債という名前が使われています。

（表示3） ND 社	（表示4） NT 社
流動負債 　短期借入金 　1年以内返済予定の長期借入金 　営業債務その他の未払勘定 　デリバティブ負債 　和解費用引当金 　未払法人所得税等 　その他 非流動負債 　長期借入金 　繰延税金負債 　従業員給付 　資産除去債務 　和解費用引当金 　政府補助金繰延収益 　その他	流動負債 　営業債務及びその他の債務 　社債及び借入金 　未払法人所得税等 　その他の金融負債 　引当金 　その他の流動負債 　　　小計 　売却目的で保有する非流動資産に 　　　直接関連する負債 非流動負債 　社債及び借入金 　その他の金融負債 　退職給付に係る負債 　引当金 　その他の非流動負債 　繰延税金負債

　（表示3）の ND 社は，流動負債，非流動負債の順です。これまでの日本基準と同じですが，固定負債の部が非流動負債となっています。なお，短期借入金，長期借入金の名前はこれまでどおり使われています。

　（表示4）の NT 社は，流動負債，非流動負債の順で，これまでの日本基準と同じですが，固定負債の部が非流動負債となっています。また社債及び借入金については，短期・長期の名前は付いていません。

　③　IFRS の純資産の表示の例
　IFRS の純資産は，資本と表示されます。

資本の表示の例としては,次のようなものがあげられます。

（表示1）	（表示2）
資本金 資本剰余金 自己株式 その他の資本剰余金 利益剰余金 累積その他の包括利益 親会社の所有者に帰属する持分 非支配持分	資本金 資本剰余金 自己株式 その他の資本の構成要素 利益剰余金 親会社の所有者に帰属する持分 非支配持分

　（表示1）は,基本的には,これまでの日本基準とほぼ同じですが株主資本の部の区分,その他の包括利益累計額の区分,少数株主持分の区分がなく利益剰余金の前にその他の資本剰余金があります。
　また少数株主持分は,非支配持分となっています。
　（表示2）も同様で,（表示1）のその他の資本剰余金と累積その他の包括利益が,その他の資本の構成要素として利益剰余金の前に記載されています。

　このように,IFRSの資産,負債,資本の区分は,いろいろであり,その会社の自由な区分となっています。

あとがき

　本書の執筆者である碓氷と大友の関係は，1985年に碓氷が学部長を務めていた日本経済短期大学（現亜細亜大学短期大学部）の助手として大友が最初の教職に就いた時にさかのぼります。それぞれの研究対象が，碓氷は会計学であり大友はマーケティング論であったのですが，互いの学務の合間をみては，長年にわたって現代企業の抱えている本質的な課題とは何かについてよく話し合ってきました。大学という研究環境の中では，通常まったく異なる領域における専門的な意見のやり取りなど考えられないのが普通なのですが，互いの研究活動やその姿勢に関して人間的にも尊敬の念を持ち，また当時の大学界が抱えていた諸問題についても同じような意見や価値観を持っていたことから，分野の違いを越えて様々な議論を行ってきました。

　その当時から二人は，企業経営というビジネスの実態からみたとき，学問領域の区別とは関係なく，たとえば経済学も金融論も会計学もマーケティング論も組織論も等々，まったく同一次元の問題であり，しかも互いに非常に関連付けられた市場構造や企業構造の中で機能していることに気づいていました。ところが大学における商学や経営学，あるいは経済学といった学部別研究現場では，そうした企業活動の実態に関係なく，各学問領域における区分けに基づいて，それぞれ独立的な専門的合理性を前提とした理論展開が行われているのです。したがって，あらゆる領域が関連し合う自然科学分野の研究成果が果たしている物づくり現場での応用可能性や貢献性に比較したとき，市場活動としてのビジネス現場でのビジネスパーソンの悩みや問題解決に繋がるような理論が，ほとんど見当たらなかったのも無理からぬことかもしれません。

こうした我々の研究現場における認識から，いつか統一的な視点を構成しながら，現実の企業のビジネス活動において真に役に立つ理屈を共著として，しかもわかりやすくまとめられないかと二人で話し合ってきたのです。ここにおいて，企業というものはその規模を拡大すればするほど，組織内部の調整や費用配分が複雑化し，延いてはそれが生産や販売活動にまで影響を及ぼして市場の環境変化への迅速な対応が困難となり，結果として顧客離れが加速することで企業自体の寿命を縮めてしまうのではないかという共通の観点を持つに至ったのです。

　企業経営の本質は，ドラッカーの説に依るまでもなく，顧客の満足創造にあり，それがあればこその市場的存在としての社会的価値が多くの人々から認められるのです。企業経営の第一義的な目的はそこにあるのであり，経営者や株主が儲けるためでも日本一，世界一の売上高を達成することでもないのです。そうした欲望をビジネスパーソンが抱いた瞬間に，顧客の都合ではなく自社の都合を前提とした市場戦略が遂行されることとなり，結果的に市場の不信を招いて崩壊に至る過程が本書によって十分に示されたのではないかと思います。

　永く人々に愛され続ける企業を具現化するために本書が少しでもお役に立てるのであれば，筆者としてこれにすぐる喜びはありません。最後に，本書の出版にご尽力いただいた同文舘出版の市川良之氏に心より御礼を申し上げます。ありがとうございました。

　　2015年7月吉日

碓氷　悟史
大友　　純

〈巻頭名言文出所〉

○「派手に光るものは，ひと時かぎりのもので，本ものは，後世までも滅びることがないのです。」(ゲーテ『ファウスト』より)
　［ゲーテ作，相良守峯訳『ファウスト（第一部）』岩波文庫，1958年，13頁。］

○「商利や生産上の利益は，元来が，薬効をもつ毒物のようなものである。息せき切ってそれを追求すれば，毒に冒されて人格がこわれかねない。また使っている人間たちを利益追求のために鞭打つようなことをした場合，当人も使用人も精神まで卑しくなってしまう。」(司馬遼太郎『菜の花の沖』より)
　［司馬遼太郎著『菜の花の沖（五）』文春文庫，1987年，378頁。］

〈引用・参考図書〉

・P. Kotler, *Kotler on Marketing*, The Free Press, 1999, p.19.
・R. L. King, *The Marketing Concept*, in *Science in Marketing*, ed. G. Schwartz, Jon Wiley, 1965, pp.70-97.
・石田梅岩著，足立栗園校訂『都鄙問答』岩波文庫，1935年。
・上原征彦著『マーケティング戦略論』有斐閣，1999年。
・上原征彦・大友純共著『価値づくりマーケティング』丸善出版，2014年。
・ゲーテ作，相良守峯訳『ファウスト（第一部）』岩波文庫，1958年，13頁。
・司馬遼太郎著『菜の花の沖（五）』文春文庫，1987年，378頁。
・ジョセフ・E・スティグリッツ著，藪下史郎他共訳『スティグリッツ　入門経済学』東洋経済新報社，1994年，および藪下史郎他共訳『スティグリッツ　ミクロ経済学』東洋経済新報社，1995年。
・末永國紀著『近江商人三方よし経営に学ぶ』ミネルヴァ書房，2011年。
・帝国データバンク編『百年続く企業の条件』朝日新書，2009年。
・中央区老舗企業塾平成21年度活動報告書『老舗企業の生きる知恵―時代を超える強さの源泉』東京都商工会議所中央支部発行，2010年。
・ピーター・F・ドラッカー著，上田惇生編訳『マネジメント［エッセンシャル版］』ダイヤモンド社，2001年，および上田惇生訳『現代の経営（上・下）』ダイヤモンド社，2006年。
・山本眞功監修『商家の家訓―商いの知恵と掟―』青春出版社，2005年。

索　引

ア　行

ROE ············ 141-143, 146-152, 154, 159
ROA ····························· 149, 152, 154
ROCSE ································· 143
愛着心 ···································· 43
アメリカ企業 ························ 85, 86

威圧的な装置 ···························· 65
生きがい ································ 60
意思疎通 ································ 26
石田梅岩 ································· 9
異質的価値 ······························ 37
IFRS ·························· 77, 140, 162-164
　　——の資産の表示 ················· 168
　　——の純資産 ······················· 171
　　——の負債の表示 ················· 170
意味的な効用 ··························· 14
意味的な消費価値 ····················· 14
イメージ広告戦略 ····················· 39
インフラ産業企業 ····················· 55

受取配当金 ······························ 80
受取利息 ································ 80
売上高 ······························· (1), 81
売上げの限界 ··························· 35
売り手間格差 ··························· 33
売り手の都合 ··························· 49
運命共同体的システム ··············· 71
運命共同体的統一体 ·················· 70

営業担当者 ······························ 10
営業利益 ······················ 92, 94, 164-166
営業利益率 ······················· 119, 137
NB製品 ································· 41
M&A ··································· 42
LBO ··································· 42

欧米流の戦略書 ························ 66

カ　行

オートメーション装備 ··············· 46
大人の企業 ···························· (3)
小野薬品の10年間の財務指標 ······ 136

買い替え需要 ··························· 29
会計戦略 ······························· 107
会社四季報 ···························· 143
外食産業 ································ 48
買い手間格差 ··························· 33
買い手の都合 ··························· 49
買い手よし ······························ 66
外部資源活用 ··························· 48
外部収益源 ······························ 39
外部知識的経営戦略 ·················· 66
価格設定 ································ 21
限りある所得 ···························· 4
画一的標準化大量生産 ··············· 44
革新性 ··································· 63
革新的努力 ······························ 69
革新の連続 ······························ 66
拡大・成長 ···························· (1)
拡大主義 ·············· 101-103, 110, 114, 117,
　　　　　　　　　　　118, 125, 131, 137
拡大成長の呪縛 ························ 35
拡張戦略 ································ 67
家訓 ····································· 63
家計 ······································· 4
寡占状態 ································ 31
家族 ····································· 72
価値創造 ······························ (1)
価値体系 ································· 8
価値的労働 ···························· (3)
金の亡者 ······························ (2)
株価対策 ······························· 158
株式公開買い付け ····················· 42
株式投機家 ···························· 163
株式の市場価格 ························ 42
株主議決権 ······························ 42

株主資本主義……………………………43
株主重視経営……………………………87
株主持分（自己資本）の効率性………154
貨幣的利潤極大化………………………36
カルロス・ゴーン………………………108
完成品……………………………………36
完全競争…………………………………56
完全な知識………………………………56
看板方式…………………………………36
願望…………………………………………4
　　──達成………………………………7

機械警備システム………………………53
企業外部の市場問題……………………22
企業間格差………………………………29
企業規模…………………………………(1)
　　──拡大志向…………………………27
企業収益…………………………………72
企業人………………………………………4
　　──としての利益……………………4
企業長寿……………………………(1), 125
企業の継続………………………………155
技術開発競争……………………………35
技術革新…………………………………32
技術習得…………………………………55
机上の空論………………………………33
期待感……………………………………44
規模の経済性……………………………28
逆輸入……………………………………30
キャッシュ・フロー………………97, 98
　　──による持続可能利益率……99, 100
キャッシュ・フロー計算書……77, 82, 83, 96-99
吸収合併…………………………………42
脅威………………………………………72
教育行為…………………………………69
教育制度…………………………………63
教育的コミュニケーション行為………70
教育の問題………………………………67
教育費……………………………………(2)
競争入札制度……………………………55
共同開発型 PB 商品……………………40
京都きもの友禅の財務指標……………138
業務管理費用……………………………31
業務規則…………………………………67

虚偽体質…………………………………39
銀行業……………………………………91

グローバル化……………60, 140, 141, 156

経営管理戦略……………………………94
経営規範…………………………………67
経営姿勢…………………………………66
経営戦略…………………………………(2)
経営分析…………………………………156
経営力……………………………………(5)
計画的陳腐化……………………………32
経験価値…………………………………27
経験曲線効果……………………………46
経済学……………………………………54
経済社会……………………………………3
経済的社会的価値………………………(3)
系列化……………………………………48
限界効用逓減の法則……………………44
限界費用…………………………………54
研究開発戦略……………………………107
現金及び現金同等物………………82, 83
現金預金……………………………81, 113
原材料仕入れ……………………………46
倹約………………………………………63

行為価値……………………………(3), 66
行為規範…………………………………62
行為原則…………………………………67
高級化戦略………………………………52
好況経済的状況…………………………28
工場稼働率………………………………40
公正価値…………………………………164
公正取引委員会…………………………138
公的組織体…………………………………7
行動原理…………………………………66
高度経済成長期…………………………28
購買意思決定……………………………42
購買意欲…………………………………38
購買行為……………………………………5
購買頻度…………………………………51
購買目的……………………………………5
後発企業…………………………………34
高付加価値戦略…………………………51
効用………………………………………13

索　引　179

　　──の消費…………………………14
小売店ブランド………………………40
顧客
　　──の笑顔………………………(5)
　　──の創造………………………12
　　──の満足創造…………………12
　　──の利益創造…………………12
顧客志向…………………………………8
国際会計基準…………………135, 140
国際財務報告基準……………………162
コスト・リーダーシップ……………51
コスト圧縮策…………………………44
コスト戦略……………94, 107, 108, 116
誇大広告………………………………(2)
固定資産………………………………166
固定費用曲線…………………………52
固定負債…………………166, 170, 171
コミュニケーション関係の永続化…70
コラボレーション戦略………………40
コンセプト……………………………12
コンビニエンスストアチェーン……30

■■■■■■■■■サ　行■■■■■■■■■

サービス・コンセプト……………18, 21
差異………………………………………8
在庫確保………………………………36
在庫超過………………………………35
財政状態計算書……77, 78, 83, 147, 149, 164
財務・会計戦略………77, 117, 127, 133, 138
財務管理………………………………(4)
さが美
　　──の売上高と営業利益………116
　　──の売上高の推移と当期純利益…115
　　──の資産総額の推移と増加額…115
　　──の利益剰余金と利益の蓄積率…117
察知………………………………………7
サプライ・チェーン・マネジメント…36
差別化…………………………………51
産業基盤的需要………………………59
産業財…………………………………14
産業資本…………………………………9
産出（完成品）レベルでの標準化…47
三方よし……………………………9, 66

四季報……………………………80, 133

事業価値伝達行為……………………70
事業継続………………………………63
事業成果………………………………27
事業精神………………………………66
事業の永続性…………………………60
事業目的………………………………12
事業利益………………………………165
自己株式………………………………134
　　──の処理……………………136
自己資本………………………………147
自己資本配当率………………………158
自己資本比率……………………150, 152
自己資本利益率…………………142, 143
資産価格………………………………42
資産価値………………………………43
自社ブランド製品……………………40
市場
　　──に依存する経営…………86
　　──の再生化…………………32
市場価値………………………………22
市場規模………………………………(2)
市場競争………………………………36
市場シェア……………………………31
市場志向………………………………22
市場成果………………………………22
市場占拠率……………………………26
市場メカニズム………………………71
市場領域の拡大………………………36
持続可能………………………………(5)
持続可能利益……………………93, 94
　　──率……………………95, 96
持続的成長……………………………154
下請け企業……………………………36
質的経営………………………………102
質の利益………………………………51
私的組織体………………………………6
品揃えの魅力…………………………53
老舗（・長寿）企業……(3), 121 125, 127, 133, 135, 137, 139
老舗上場企業の業歴ランキング……126
予想1株当たり当期純利益…………113
予想当期純利益………………………112
資本………………………………160, 171
資本金…………………………………159
資本効率………………………………148

索引

資本主義経済社会	36
資本準備金	159
資本剰余金	160
使命感	68
社員教育	23
社会システム	70
社会的価値	(3)
社会的経済的参加形態	(3)
社会的経済的組織体	(6)
社会的組織	(3)
社会的非難	38
社会的労働	3
奢侈	63
ジャスト・イン・タイム	36
主意主義的な経営体制	24
需要市場	62
需要停滞	36
需要の強度	11
需要頻度の増大	26
需要予測の精度	47
純資産配当率	158
使用価値	(3)
商業資本	9
商人道	9
消費価値	(3), 4
——の購買	4
消費価値伝達行為	70
消費行為	3
消費財	14
消費者	3
消費者志向	8
消費生活	4
消費目的	4
消費予測	47
商品知識	29
情報管理システム	36
——技術	37
情報創造	38
——力	38
情報の収集分析能力	56
情報発信	61
初期固定費用	55
初期投資	55
職業	6
所得隠し	(2)

自律的	24
——なコミュニケーション行為	71
進化	(5)
新規ライン	49
人件費	(2)
新サービス開発戦略	107
新製品・新商品開発戦略	107
新製品開発	17
人的サービス	39
人的労働力	55
真の経営上の利益	93
真の健全経営	101
新評価軸	38
進歩	(5)
信用・信頼	63
——関係	71
信用創造	63
信用力	40
ステークホルダー型経営	87
ストア・コンセプト	18, 21
スマホ	110
生活上の価値	5
生活戦略	7
生活目的	5
生業的ビジネス	48
正規労働者	39
生産供給能力	56
生産供給量	47
生産拠点	41
生産原理	46
生産行為	3
生産コスト	41
生産者	3
生産費用	7
製造・消費期日の改ざん	(2)
成長した真の姿	(3)
制度化	24
製品1単位当たりの費用	50
製品イメージ	18
製品コンセプト	18
世界標準	140, 141
責任感の強さ	62
責任と義務	(3)

索　引　181

世間よし……………………………………66
接近……………………………………………7
設備投資……………………………………41
善的行為……………………………………66
先発企業……………………………………34
戦略的存在……………………………………4
戦略マップ………………………………107

創業者利益…………………………………17
相互利益創出……………………………4, 8
総資産の効率性…………………………147
総収入曲線…………………………………52
装置産業……………………………………55
増分効用……………………………………15
組織運営…………………………………(4)
組織永続志向………………………………27
組織課題……………………………………59
組織的革新…………………………………62
組織的市場対応……………………………23
組織内部の資源状況………………………22
組織文化……………………………………72
ソニー
　——の売上高と営業利益……………119
　——の資産総額の推移と増減額……118
　——の売上高の推移と当期純利益…118
　——の利益剰余金と利益の蓄積率…119
その他の資本剰余金………112, 159, 172
損益計算書…………77, 92, 97, 153, 163
存在価値…………………………………(4)
存在保証……………………………………71

タ　行

大企業……………………………………(3)
大規模量販店………………………………30
耐久性………………………………………51
貸借対照表…………………77, 83, 147, 149
大衆消費社会………………………………28
対前年比売上高……………………………27
大量仕入れ…………………………………41
大量生産システム…………………………28
多角化経営…………………………………48
多角化戦略…………………………………67
武田薬品の財務指標……………………132
他者の笑顔………………………………(4)
他人資本…………………………………147

騙しのテクニック…………………………38
玉手箱………………………………………43
探索……………………………………………7
知識体系……………………………………12
中央集中管理………………………………48
注記…………………………………………164
中小企業……………………………………48
中小小売業者………………………………63
長期蓄積力比率………………………89, 102
長期的経営力……………………………135
長期的な経営戦略………………………158
長期の経営力………………………………90
地理的市場範囲……………………………29
地理的な拡大………………………………26

DOE………………………………158–160
TOB…………………………………………42
低価格販売…………………………………29
提供財…………………………………………7
帝国主義的拡大……………………………61
低賃金労働……………………………43, 55
伝承…………………………………………63
　——行為…………………………………69
店舗面積……………………………………53
電力会社……………………………………91
等価コミュニケーション…………………70
投機…………………………………………152
　——家……………………………………86
当期純利益…80, 81, 113, 137, 157, 159, 160
当期純利益率………………………………95
同業者間競争………………………………30
東京商工リサーチ………………………125
統計モデル…………………………………47
投資…………………………………………151
投資額………………………………………43
投資家保護………………………………164
投資ファンド企業…………………………42
投入（原材料）レベル……………………48
独占企業……………………………………24
独占状態……………………………………31
独創性………………………………………63
特許…………………………………………34
「友の会」会員組織………………………137

索引

トヨタ
　——の売上高の推移と当期純利益 …… 104
　——の拡大主義 …………………… 102
　——の利益剰余金増減額と増減率 …… 104
　——の利益剰余金と利益の蓄積率 …… 104

ナ　行

内部収益源 …………………………… 39
内部蓄積 ……………………………… 72
内部留保 ……………………………… 112
中・長期の企業価値の向上 …………… 154
ナショナル・ブランド（NB） ………… 40

日本的経営 …………………………… 142
日本基準 ……………… 137, 162-164, 171, 172
日本経済新聞 ………………………… 143
日本的企業 …………………………… 87
日本の会社の蓄積力 ………………… 89
日本の上場会社 ……………………… 146
人間関係上の価値 …………………… 5
任天堂
　——の売上高と営業利益 ………… 110
　——の売上高の推移と当期純利益 … 109
　——の現金及び現金同等物 ……… 113
　——の資産総額の推移と増加額 …… 109

ネーミング …………………………… 19

納入価格 ……………………………… 40
　——競争 ………………………… 40
ノーブランド ………………………… 39

ハ　行

売却益 ………………………………… 43
売却価値 ……………………………… 43
買収 …………………………………… 42
買収資金 ……………………………… 42
配当金 ………………………… 157, 159, 160
　——の受け取り …………………… 92
　——の源泉 ………………………… 112
配当性向 ………… 112, 129, 133, 157-159
配当政策 ……………………………… 157
配当率 ………………………………… 161
配当利回り ……………………… 133, 135
禿鷹ファンド ………………………… 43

働きがい ……………………………… (3)
破綻 …………………………………… (5)
　——への道筋 ……………………… 44
パッケージデザイン ………………… 19
パブリシティ ………………………… 16
バラ売り ……………………………… 34
バランス・シート …………………… 4
範囲の経済性 ………………………… 47
販売可能量 …………………………… 47
販売機会 ……………………………… 36
販売数量 ……………………………… (1)
販売戦略 ……………………………… 94
販売担当者 …………………………… 10

比較財務指標 ………………………… 156
ビジネス社会 ………………………… (2)
非正規労働者 ………………………… 39
ヒット商品 ……………………… 109, 113
1株当たり利益剰余金 ……………… 113
疲弊感 ………………………………… 38
評価軸の移動 ………………………… 37
評価尺度 ……………………………… 59
評価の継続性 ………………………… 27
表現 …………………………………… 8
病理的な現象 ………………………… 43
非流動資産 ……………………… 166, 168
非流動負債 ………………… 166, 170, 171
品質表示の不正 ……………………… (2)

ファナック
　——の経営指標 …………………… 144
　——の財務指標 …………………… 134
　——の有価証券報告書 …………… 145
不安 …………………………………… 5
付加価値 ……………………………… 41
不拡大永続主義経営 ………………… 72
不拡大主義 …………………………… 102
不完全競争 …………………………… 56
負債 …………………………………… 79
不始末事故 …………………………… (2)
不正な企業間取引行為 ……………… (2)
物理的な価値 ………………………… 14
物理的な効用 ………………………… 14
物理的な消費価値 …………………… 14
不動産収入 …………………………… 48

部品供給	36
プライベート・ブランド（PB）	39
——商品	40
——提案	40
ブラック企業	(2)
ブランド	29
ブランド・イメージ	39
ブランド化	69
ブランド間格差	28
ブランド品	70
プロモーション・メッセージ	37
プロモーション活動	8
プロモーション費用	16
文化的生活	28
粉飾決算	(2)
分析	7
平均費用	54
——逓減型の企業	55
別家	63
変動費用	39
——曲線	52
包括利益	164
——計算書	77, 153, 164
奉仕	71
報酬	24
飽和期	39
保険業	91
POS（販売時点情報管理）システム	36

マ 行

マーケティング	8
——行為	57
——志向	22
——戦略	(2), 94, 107
——組織	22
——部門	22
——予算	22
——理念	9
マーケティング・コンセプト	12
マーケティング・ミックス	19
マーケティング協会	11
マイナス長期蓄積力比率	90
マイナス利益剰余金	90

マクロレベル	39
マスメディア	16
松井建設の財務指標	128
マネジメント	10
満足感	44
ミクロレベル	39
無形財	(3), 3
無借金	155
——経営	(5), 78, 87, 89, 101, 111, 135, 155, 161
無印商品	39
無料ゲーム	113
儲け第一主義	(3), 59
問題解決要因	13

ヤ 行

野獣の世界	(2)
安売り店戦略	52
有価証券報告書	143, 156
有形財	(3), 3
有利子負債	79, 80, 83, 155
豊かな時代	28
養命酒の財務指標	130
預金の利息の受け取り	92
欲望	5
予測情報	47
予測不可能	47
欲求欲望	62
余裕資金	82
4P	19

ラ 行

リーマンショック	103
利益	7
——の蓄積	(5), 155
——の蓄積率	129, 131, 133
利益額	(1)
利益準備金	160
利益剰余金	(5), 78, 93, 112, 113, 137, 151, 152, 155, 160, 172

利益創出形態 …………………………… 48	累積的な経験度合い …………………… 50
利害関係者 ……………………………… 141	労働意欲 …………………………… 23, 43
利潤極大化 ……………………………… 38	労働環境 ………………………………… (4)
理想企業 ………………………………… (4)	労働集約的 ……………………………… 53
流動資産 ………………………………… 168	労働の価値 ……………………………… (2)
流動負債 ………………………………… 170	労働力 …………………………………… 30
利用価値 ………………………………… 4	ロボット化 ……………………………… 53
量的経営 ………………………………… 102	
倫理的な規範書 ………………………… 65	

（著者紹介）

碓氷悟史(うすい　さとし)
公認会計士，亜細亜大学名誉教授，明治大学リバティアカデミー講師，NPO心創り・智慧創り研究所所長
著書として，『決算書の超かんたんな読み方』(中経出版)，『アカウンタビリティ入門』『ROE不要論』(ともに中央経済社)，『ここがツボ！3つの数字だけでわかる決算書の読み方』『組織的監査論』『監査理論研究』(ともに同文舘出版)ほか多数。

大友　純(おおとも　じゅん)
明治大学商学部教授
著書・論文として，『価値づくりマーケティング』(共著，丸善出版)，『マーケティングの原理』(共著，中央経済社)，「マーケティング視点による「観光地」概念再考」(『CUC View & Vision：No38』(千葉商科大学経済研究所)ほか多数。

《検印省略》

平成27年10月20日　初版発行　　　略称：賢い企業

賢い企業は拡大主義より永続主義
―マーケティング論と会計学が同じ結論に達した―

著　者　ⓒ　碓　氷　悟　史
　　　　　　大　友　　　純
発行者　　　中　島　治　久

発行所　同文舘出版株式会社
東京都千代田区神田神保町1-41　〒101-0051
電話 営業 (03)3294-1801　編集 (03)3294-1803
振替 00100-8-42935　http://www.dobunkan.co.jp

Printed in Japan 2015
印刷：三美印刷
製本：三美印刷

ISBN 978-4-495-38611-5

[JCOPY]〈出版者著作権管理機構委託出版物〉
本書の無断複製は著作権法上での例外を除き禁じられています。複製される場合は，そのつど事前に，出版者著作権管理機構（電話 03-3513-6969，FAX 03-3513-6979, e-mail: info@jcopy.or.jp）の許諾を得てください。